湖北省矿产资源开发环境遥感监测

HUBEI SHENG KUANGCHAN ZIYUAN KAIFA HUANJING
YAOGAN JIANCE

何文熹　杨玉龙　孙　晨　殷宗敏　著
王　磊　柳　潇　姜　华　任兴远

内容简介

本书主要对湖北省2016—2018年期间矿产资源开发环境遥感调查与监测、矿山环境遥感调查与监测以及湖北省自然保护区矿山遥感监测3个方面做出介绍,通过3年的遥感调查与监测,基本查明了湖北省矿山分布、数量、开采方式等矿产资源开发状况。本书内容丰富、资料翔实,可为区域矿产资源监测与管理、矿山生态保护与修复以及湖北省矿产资源发展规划等工作提供参考信息。

本书是基于遥感技术的矿山调查与监测应用方面的专著。书中阐述的矿山遥感监测技术方法、调查示例、矿产资源分布及现状等内容,可供自然资源、遥感应用、生态环境等方向的科研人员及相关专业院校师生参考阅读。

图书在版编目(CIP)数据

湖北省矿产资源开发环境遥感监测/何文熹等著.—武汉:中国地质大学出版社,2023.7
ISBN 978-7-5625-5643-5

Ⅰ.①湖… Ⅱ.①何… Ⅲ.①矿产资源开发-区域生态环境-环境遥感-环境监测-研究-湖北 Ⅳ.①F426.1②X87

中国国家版本馆 CIP 数据核字(2023)第 136996 号

湖北省矿产资源开发环境遥感监测

何文熹 杨玉龙 孙 晨 殷宗敏 著
王 磊 柳 潇 姜 华 任兴远

责任编辑:王凤林	选题策划:王凤林	责任校对:胡萌
出版发行:中国地质大学出版社(武汉市洪山区鲁磨路388号)		邮编:430074
电　　话:(027)67883511	传　　真:(027)67883580	E-mail:cbb@cug.edu.cn
经　　销:全国新华书店		http://cugp.cug.edu.cn
开本:787毫米×1092毫米　1/16		字数:212千字　　印张:8.5
版次:2023年7月第1版		印次:2023年7月第1次印刷
印刷:广东虎彩云印刷有限公司		
ISBN 978-7-5625-5643-5		定价:78.00元

如有印装质量问题请与印刷厂联系调换

前 言

党的二十大指出,在以习近平同志为核心的党中央集中统一领导下,要坚持绿水青山就是金山银山的理念,坚持山水林田湖草沙一体化保护和系统治理。生态环境保护发生了历史性、转折性、全局性变化,生态文明制度体系更加健全。同时党的二十大也提出,大自然是人类赖以生存发展的基本条件。尊重自然、顺应自然、保护自然,是全面建设社会主义现代化国家的内在要求。人类必须牢固树立和践行绿水青山就是金山银山的理念,站在人与自然和谐共生的高度谋划发展。

自然资源部高度重视自然资源与生态环境监测工作,先后研究制定并印发了《自然资源调查监测体系构建总体方案》等一系列制度文件,推进国家自然资源管理机制改革、生态文明建设和自然资源中心工作。自然资源部、中国地质调查局先后在全国部署开展了"全国矿产资源开发遥感监测""全国矿产资源开发环境遥感监测"等工作,基本查明了全国林地、草地、地表水等自然资源和湿地、荒漠化、海岸线、城镇扩展、矿山地质环境等生态环境的现状及变化情况,相关成果已经作为全国国土空间用途管制、土地矿产卫片执法监督检查、矿山地质环境管护等工作的参考数据,在国家自然资源资产管理、生态修复与保护等工作中发挥了重要作用。

湖北省地理位置优越,交通便利,是承东启西、连南接北的交通枢纽,其省会城市武汉被称为"九省通衢"。查明和掌握湖北省矿产资源环境状况,对于加快推进区域生态文明建设、服务自然资源管理中心工作至关重要。本书在"全国矿山开发环境遥感监测"项目下属"湖北省矿产资源开发环境遥感监测"项目(项目编码:DD20160248-05、DD20160248-09)的工作基础上,基本查明了湖北省矿山的分布、数量、开采方式等矿产资源开发现状。湖北省矿产资源主要特征有:矿产种类较多,优势矿产明显;矿床规模总体偏小,主要矿产集中度高等。

本书前言由杨玉龙撰写,第一章由殷宗敏、王磊、柳潇撰写,第二章由何文熹、杨玉龙撰写,第三章由杨玉龙、何文熹撰写,第四章由孙晨、姜华、任兴远撰写。杨玉龙完成了全书统稿工作。

由于著者水平有限,书中疏漏与不妥之处,敬请读者指正。

著 者
2022 年 11 月

目 录

第一章 绪 言 ·· (1)
  第一节 概 况 ·· (1)
  第二节 国内外研究现状 ·· (1)
  第三节 工作区概况 ·· (6)
  第四节 技术路线与工作方法 ·· (23)

第二章 矿产资源开发状况遥感调查与监测 ··· (39)
  第一节 矿产资源开发现状 ··· (39)
  第二节 矿产资源开发变化情况 ··· (56)

第三章 矿山开发环境遥感调查与监测 ·· (60)
  第一节 矿业活动占损土地情况 ··· (60)
  第二节 典型矿山地质灾害 ··· (73)
  第三节 矿山环境污染 ·· (83)
  第四节 矿山环境恢复治理 ··· (86)
  第五节 矿山恢复治理及开采损毁土地动态变化遥感监测 ······································· (95)
  第六节 矿山复绿行动进展 ··· (99)
  第七节 矿山地质环境评价 ··· (106)

第四章 湖北省自然保护区矿山遥感监测 ·· (115)

主要参考文献 ··· (124)

第一章 绪 言

第一节 概 况

矿产资源是国民经济和社会发展的重要物质基础,矿产资源的开发利用是国民经济的一项基础产业,具有基础性、原生性、公共性和不可替代性特点。长期以来,我国矿产资源开发利用与管理形式较为粗放,不仅造成资源的严重浪费,同时引发一系列的生态环境问题。

遥感技术作为人类的"天眼",其调查成果具有宏观、快速、客观、准确的特点。随着我国国产卫星的组网化发射、国产卫星数据的统筹使用,开展全国性遥感监测不仅变得越来越经济,而且相关信息获取也越来越安全。利用遥感技术开展全国矿产资源开发环境遥感调查与监测,不仅可以全面了解全国矿产资源开发状况及其引发的矿山地质环境问题,而且可以快速对问题区、重点区开展动态监测和实时监测,从而为矿区或区域生态文明建设提供客观准确的决策数据和技术支撑。

为实时获取真实、客观的基础数据,国土资源部(现为自然资源部)中国地质调查局于2006年启动了我国"矿产资源开发多目标遥感调查与监测"项目,主要任务是利用先进的遥感技术对我国重要的成矿带、矿集区和规划区矿产资源开发利用、矿山环境和矿产资源规划情况进行遥感调查与动态监测,实时获取客观数据,形成综合分析与全面评价报告,为自然资源部制定矿产资源规划、保护矿产资源可持续开发与利用、维护矿业秩序及矿山地质环境保护和恢复治理提供技术支持与决策依据。此后,连续12年在湖北省部署"矿产资源开发环境遥感监测"工作,持续对矿产资源开发利用状况、矿山地质环境、矿山环境保护和恢复治理及矿产资源规划执行情况进行遥感调查与监测,取得了丰硕的成果,并且得到了自然资源部中国地质调查局、部执法局、自然资源开发利用司、国土空间生态修复司、国土空间用途管制司、湖北省国土资源厅等矿政管理部门的高度认可和评价。

第二节 国内外研究现状

遥感技术在环境监测领域中应用的必要性和迫切性越来越广泛地被各国所认识。近年来,国内外大量的实践表明,遥感技术是获取环境信息的强有力手段,利用遥感技术监测大范围的环境变化省时省力,既可以从宏观上快速跟踪和监测突发污染事件的发生、发展,又可以及时制订处理措施,减少污染造成的损失,突破以往传统环境监测的局限性。

一、国外研究现状

矿山开发环境遥感监测在国外应用较早,并取得了大量丰富的成果。

1. 遥感技术在矿山开发调查与监测中的应用

1969 年美国组织了矿山环境与灾害监测的工作,取得了明显的防灾减灾效果,利用遥感技术对煤矿开采产生的煤矸石进行动态监测,以防止煤矸石发生爆炸,同时对煤矿区的土地复垦效果进行遥感动态监测,为土地复垦提供了客观的资料,提高了资源环境管理部门的执法效率。2002 年 7 月,美国政府针对其西南部宾夕法尼亚州发生的重大煤矿事故进行了调查研究,并成立专门的小组来开发可用于探测旧矿山的遥感地球物理探测技术,以观测俄亥俄州煤矿附近的废弃矿山工作(Lawrence et al.,2008)。

1997 年西班牙的科学家在 Cabo de Gata-Nijar 地区开展了遥感对矿山环境的监测,利用 ETM 和 SPOT 影像融合技术很好地完成了制图工作。2000 年俄罗斯在科拉半岛也进行了矿山排放的废石、废水、废气对环境影响的评价工作,运用 1964—1996 年的卫星遥感数据评价了半岛环境的变迁。

2. 遥感技术在矿山规划管理中的应用

Gunn 等(2008)利用热红外遥感技术对诺丁汉商业园区的地表植被、压实程度等参数进行测量,利用热红外影像的参数差异确定了几个潜在的废弃矿井位置,对旧矿区商业园区的规划建设具有指导意义。

3. 遥感技术在矿山地质环境调查与监测中的应用

Mularz(1996)利用 Landsat TM 图像、SPOT 卫星遥感图像和航空遥感像片对波兰华沙西南的 Belchatow 褐煤露天开采矿区的环境状况、多年来土地利用和土地覆盖变化情况以及植被覆盖变化情况进行了监测研究,指出 SPOT 卫星遥感图像和 Landsat TM 图像的融合影像是最为经济有效的监测露天矿区及其周围环境变化的数据来源。Ferrier(1999)利用成像光谱技术对西班牙最大的铜矿区 Rodaquilar 进行长期跟踪,分析了因铜矿的过度开采造成的地面沉降,以及其对其他资源、设施的影响和发展趋势。Lamb(2000)较详细地阐述了遥感技术在近地表采矿塌陷、甲烷渗透、酸性矿山废水等矿山环境方面的监测研究和应用。Micale (2006)利用 ETM 影像数据和实地观测方法对怀俄明州东北部的煤气层地区进行变化分析。

此外,欧洲共同体的 MINEO(Monitoring and as-sessing the environmental impact of mining in Europe using advanced Earth Observation Techniques)项目主要指以法国地质调查局为代表的多个欧洲公司和研究单位利用最先进的地球观测技术,监测矿产开发活动对环境造成的影响。MINEO 项目是国际上综合应用遥感、地理信息系统等技术监测评价采矿对环境影响最有代表性的研究项目。传统方法在监测采矿环境影响方面明显不能满足要求,而快速发展的遥感技术能够以较低的成本快速了解大区域环境问题,尤其高光谱遥感数据可以为估算不同位置的典型污染特性(如重金属含量等)提供有效途径,能够为提高环境监测质量、降低监测成本提供技术支持。遥感技术配合其他数据采集方法,可以在区域尺度进行采矿环境风险评价和环境灾害管理，并作为采矿环境与灾害热点靶区探测的有效手段。因此，应用遥感技术和地理信息工具对环境损害进行制图，进而对其演变进行模拟，可以显著地提高采矿环境管理的技术水平。

4. 遥感技术在矿山环境评价中的应用

环境评价这一个概念最早是 20 世纪 60 年代中期在加拿大举办的一次国家环境评价会议上提出来的。随着整个地球资源的大量消耗和全球生态环境的不断恶化，人类的生存环境受到极大的威胁。矿山环境问题作为全球生态环境问题的重要内容之一，一直受到国际社会广泛的关注和重视。

20 世纪 70 年代初，Alfors 选择火山、活断层位移、地面沉陷、滑坡、洪水、矿产资源损失、海啸和地震等 10 种影响因子，对加利福尼亚州城市地质、环境地质进行综合评价。

20 世纪 80 年代初，Radbruch 选择岩溶地面塌陷、滑坡、地震概率、陡倾边坡失稳等地质环境问题作为影响因子，使用 GIS 叠加分析，绘制了美国 1:750 万地质环境评价图。

进入 20 世纪 90 年代，卫星遥感影像分辨率不断提高，这大大提高了遥感技术对矿山环境调查与评价的准确性，GIS 则能对海量遥感数据和空间数据进行管理和分析，为矿山环境调查与评价提供技术支持。这两项技术逐渐广泛地运用于矿山环境调查与评价中。

Legg(1990)利用遥感技术对露天开采引起的地质灾害和环境污染等问题进行综合评价研究。Venkataraman(1990)综合利用多尺度、多源遥感数据和其他多源数据定性与定量相结合地评价了矿区环境受矿业活动的影响程度。Cloutis 等(1994)使用干涉雷达遥感技术和 GPS 定位测量技术对德国 Ruhrgebirt 地区煤矿开采造成的地面塌陷及环境影响进行综合评价。Mario(1994)在分析哥伦比亚的麦德林地区滑坡、泥石流等地质灾害危险性和土地资源占用损毁基础上，利用 GIS 技术对二者的危险性进行评价，并生成分区图。Aleotti 等(1999)使用 GIS 技术对意大利北部阿尔卑斯山 Piedmont 地区的滑坡、洪水、雪崩、泥石流等地质灾害的危险性进行了综合评价并绘制了等级划分图。Rigina(2002)使用 1964—1996 年的不同时期遥感影像对俄罗斯科拉半岛矿山排放的废石、废水、废气造成的环境影响和变迁进行评价。2005 年，英国政府基于 WebGIS 平台建设了地质环境决策支持系统，选取了包括地面沉降、滑坡预警、地下水保护、洪水预警、河流污染、土壤退化、垃圾污染、空气质量、生物多样性、自然和人类遗产共 11 种环境因子。基于每个环境因子都提出了相应的评价模型。该系统的最终目的是综合各种环境因子的评价成果对建设规划提供意见参考和科学依据。Monjezi 等(2008)以单个矿山为评价单元，使用 Folchi 方法对伊朗 4 个露天开采金属矿山从不同的角度进行环境评价。

MINEO 工程在葡萄牙、英国、德国、奥地利、芬兰和丹麦选择了 6 个采矿区为实验区，利用高光谱的航空数据进行调查，得到了实验区随时间和气候变化的数据，结合 GIS 信息进行污染建模，对污染风险、采矿点恢复或变化进行评估和监测，并希望此方法能适用于整个欧洲和世界其他地方。MINEO 工程为成像光谱技术在环境领域的研究奠定了基础，并引发了国际科学界对遥感技术应用于采矿相关领域的研究。

二、国内研究现状

我国将遥感和 GIS 技术应用于矿山开发环境调查和监测研究的时间较晚。

1. 遥感技术在矿山开发调查与监测中的应用

在国内的相关研究中，周萍和李志忠(2002)详细介绍了空间遥感技术应用于矿山安全监测的主要内容和技术方法。何姣云(2007)根据不同的矿山生产及由此引起的采动灾害进行分析，建立了相应的安全监测系统，对矿山安全现状进行评价，并提出了相应的控制措施。胡明星等(2008)利用遥感信息对矿区新构造应力场(巷道的延伸轴线及采场轴线分别选择在最大主要应力方向时，能减少巷道的变形破坏，有利于巷道和采场的安全与稳定)的方向、大小进行分析和研究，对矿山开发规划、主要巷道布置及围岩稳定性评价有重要意义。

2. 遥感技术在矿山规划管理中的应用

夏乐(2008)通过对 ETM+、TM 等中低分辨率影像的处理与增强，对湖南郴州苏仙区的柿竹园矿区进行开采类型的信息提取，最终结合矿权资料掌握了该区域的矿区开采情况，确定了违法采矿的面积和位置。岳建伟等(2008)采用 HIS 彩色变化并利用遥感数据提取矿区变化区域，将变化区域与土地利用现状矢量类型数据和采矿权登记矢量数据相叠加，结合 GIS 的叠加分析功能，实现了违法采矿信息的自动提取，有利于发现并制止矿产违法开采行为。汪金花和李玉凤(2007)通过选取唐山地区 2001 年 TM 影像数据与 2006 年 CBERS-1 的遥感数据对唐山市矿山环境进行监测，为矿山资源管理规划和决策提供依据，为依法办矿、科学办矿提供保证，并探讨了一些矿山资源管理中的遥感技术问题。康高峰等(2008)以我国中部某煤矿开采密集区为试验区，选择不同分辨率的遥感数据，对矿山开采状况进行遥感解译，以地理信息系统技术为支撑实现采矿权数据、规划数据图层与遥感专题数据的叠加分析，判断非法与越界矿山的面积和位置，评价矿产资源开发与保护规划执行的情况。

3. 遥感技术在矿山地质环境调查与监测中的应用

2004 年，王晓红等首次对江西崇义钨矿等矿产资源进行了动态监测，对比分析了 TM、SPOT 和 QuickBird 数据进行矿山监测的优劣评价，并进行了计算机自动信息提取(杨责军，2003)。黄宝华(2007)以 ETM+为数据源，利用热红外和高光谱影像从热和地物(植被、水、土壤)两方面对矿山污染进行了分析与研究，为矿山污染的分析与监测提供了有效的方法和手段，为矿山的治理规划和复垦提供了技术和知识支撑。

4. 遥感技术在矿山环境评价中的应用

张振生(2006)使用 SPOT-5 和 ETM 融合图像，开展了河北省武安市矿山地质环境综合评价工作。陈翠华等(2005)使用污染程度分析和地质累积指数，结合 GIS 空间分析技术，对江西德兴地区环境地球化学质量进行综合评价研究。宋震等(2009)利用 GIS 技术中的缓冲区分析、栅格数据叠加与模型分析、距离密度制图等功能对江苏省矿产资源规划环境影响作出全面的评价。乐海龙等(2009)使用 ETM 数据对福建紫金山矿区的土壤侵蚀和植被破坏对环境的影响进行回顾性评价。王海庆(2010)选择辽宁省葫芦岛矿区为研究区,比较了正方形网格法、矢量多边形法和缓冲区法3种不同的评价单元划分方法对矿山地质环境评价的影响。杨青华等(2010)利用GIS和RS技术,以黄石市为研究对象,使用SPOT-5遥感数据,运用层次分析法给各影响因子赋权重,依靠GIS的空间分析叠加插值功能,对各评价指标进行叠加分析,最终得到黄石市矿山地质环境影响等级分区图。马玲(2008)利用SPOT-5和QuickBird影像数据,使用模糊数学方法结合遥感和GIS技术对四川攀枝花钒钛磁铁矿宝鼎煤矿区的环境质量进行综合评价。丁丽(2010)利用SPOT-5遥感数据,使用层次分析法确定矿山各影响因子权重,选用模糊数学模型对甘肃省陇南金矿区矿山环境质量进行综合评价研究。冯彦平(2010)使用GeoEye-1高分辨率卫星数据,以山东省淄博矿区为研究区,在矿山开发遥感调查与监测的基础上,选用层次分析法对矿山环境进行了综合评价研究。商华艳(2011)以云南省安宁磷矿区为研究区,基于SPOT-5遥感影像和ArcGIS平台,对研究区矿山地质环境质量进行了评价。

何文熹(2012)使用模糊数学方法结合遥感和GIS技术对鄂东南多金属矿区的矿山地质环境质量进行综合评价,依靠GIS的空间分析叠加插值功能,对各评价指标进行叠加分析,最终得到鄂东南多金属矿区地质环境影响等级分区图。吕婷婷(2015)基于IKONOS-2、WorldView-2以及Landsat-8数据,使用模糊数学方法对程潮铁矿矿集区的矿山地质环境进行综合评价,最终得到研究区内矿山环境评价结果。马丽丽等(2013)运用基于AHP与模糊数学综合评判法确定评价指标的权重,在GIS平台上对各评价指标进行加权叠加,得到矿区生态环境的等级评价图,实现了对矿区生态环境的评价。陈建平等(2014)采用模糊综合评判法对研究区矿山地质环境影响进行评价,并结合GIS空间分析技术将研究区矿山划分为矿山地质环境影响严重区12个,较严重区4个,较轻区2个。

5. 中国地质调查局在矿山开发、矿山地质环境、矿产资源规划遥感调查与监测中设置的项目

国土资源部从2003年开始部署了重点矿山的遥感调查与监测工作的试点研究。2006年国土资源部中国地质调查局启动了我国"矿产资源开发多目标遥感调查与监测"项目,主要根据国家需求和国土资源管理部门的工作需要,选择重点矿集区、成矿带、规划区,开展矿产资源开发利用状况、矿山地质环境和矿山规划执行情况等多目标遥感调查与监测工作,并从2010年开始全覆盖完成全国矿产卫片遥感解译工作。2013年开始全覆盖完成全国矿山地质环境本底数据,每年更新。这项工作获取了矿山开发和矿山环境的基础数据,形成了综合分析与评价报告,为自然资源部及相关矿政管理部门执行矿产资源规划、保持矿产资源的可持续开发和利用、维护矿业开发秩序及综合整治违法采矿、矿山地质环境等提供了技术支撑和决策依据。

三、国内外研究现状小结

目前,国内外应用遥感科学技术对矿产资源开发环境动态监测和评价的研究可以归纳如下。

(1)利用多种卫星遥感数据,通过图像预处理(如校正、镶嵌等)、归一化植被指数等的应用,采用人机交互解译或者结合监督分类方法,得到具有较高精度的矿区监测结果图。

(2)通过对不同年限矿区监测结果图中各类地物的比较,定性分析了矿产资源开发和生态环境的动态变化。

(3)结合空间分析功能并建立合适的评价模型对矿区地质环境进行定量的分析,并绘制出相应的专题图件。

第三节　工作区概况

一、自然地理概况

1. 地理位置与面积

湖北省位于中华人民共和国的中部,简称鄂。地跨东经 108°21′42″—116°07′50″、北纬 29°01′53″—33°16′47″。东邻安徽,南接江西省、湖南省,西连重庆市,西北与陕西省接壤,北与河南省毗邻。东西长约 740km,南北宽约 470km。全省土地总面积 18.59 万 km^2,占全国总面积的 1.94%。最东端是黄梅县,最西端是利川市,最南端是来凤县,最北端是郧西县。

2. 地势地貌

全省地势大致为东、西、北三面环山,中间低平,略呈向南敞开的不完整盆地。在全省总面积中,山地占 56%,丘陵占 24%,平原(湖区)占 20%(图 1-3-1)。

1)山地

全省山地大致分为四大块。西北山地为秦岭东延部分和大巴山的东段。秦岭东延部分为武当山脉,呈北西-南东走向,群山叠嶂,岭脊海拔一般在 1000m 以上,最高处为武当山天柱峰,海拔 1 612.1m。大巴山东段由神农架、荆山、巫山组成,森林茂密,河谷幽深。神农架最高峰为神农顶,海拔 3 105.4m,素有"华中第一峰"之称。荆山呈北西-南东走向,其地势向南趋降为海拔 250~500m 的丘陵地带。巫山地质复杂,水流侵蚀作用强烈,一般相对高度在 700~1500m 之间,局部达 2000 余米。长江自西向东横贯其间,形成雄奇壮美的长江三峡,水利资源极其丰富。西南山地为云贵高原的东北延伸部分,主要有大娄山和武陵山,呈北东-南西走向,一般海拔高度 700~1000m,最高处狮子垴海拔 2152m。东北山地为绵亘于豫、鄂、皖边境的桐柏山、大别山脉,呈北西-南东走向。桐柏山主峰太白顶海拔 1140m,大别山主峰天堂寨海拔 1 729.13m。东南山地为蜿蜒于湘、鄂、赣边境的幕阜山脉,略呈西南-东北走向,主峰老鸦尖海拔 1 656.7m。

2)丘陵

全省丘陵主要分布在两大区域,一为鄂中丘陵,二为鄂东北丘陵。鄂中丘陵包括荆山与大别山之间的江汉河谷丘陵、大洪山与桐柏山之间的水流域丘陵。鄂东北丘陵以低丘为主,地势起伏较小,丘间沟谷开阔,土层较厚,宜农宜林。

3)平原

湖北省内主要的平原有江汉平原和鄂东沿江平原。江汉平原由长江及其支流汉江冲积而成,是比较典型的河积-湖积平原,面积 4 万多平方千米,整个地势由西北微向东南倾斜,地面平坦,湖泊密布,河网交织。大部分地面海拔 20~100m。鄂东沿江平原也是江湖冲积平原,

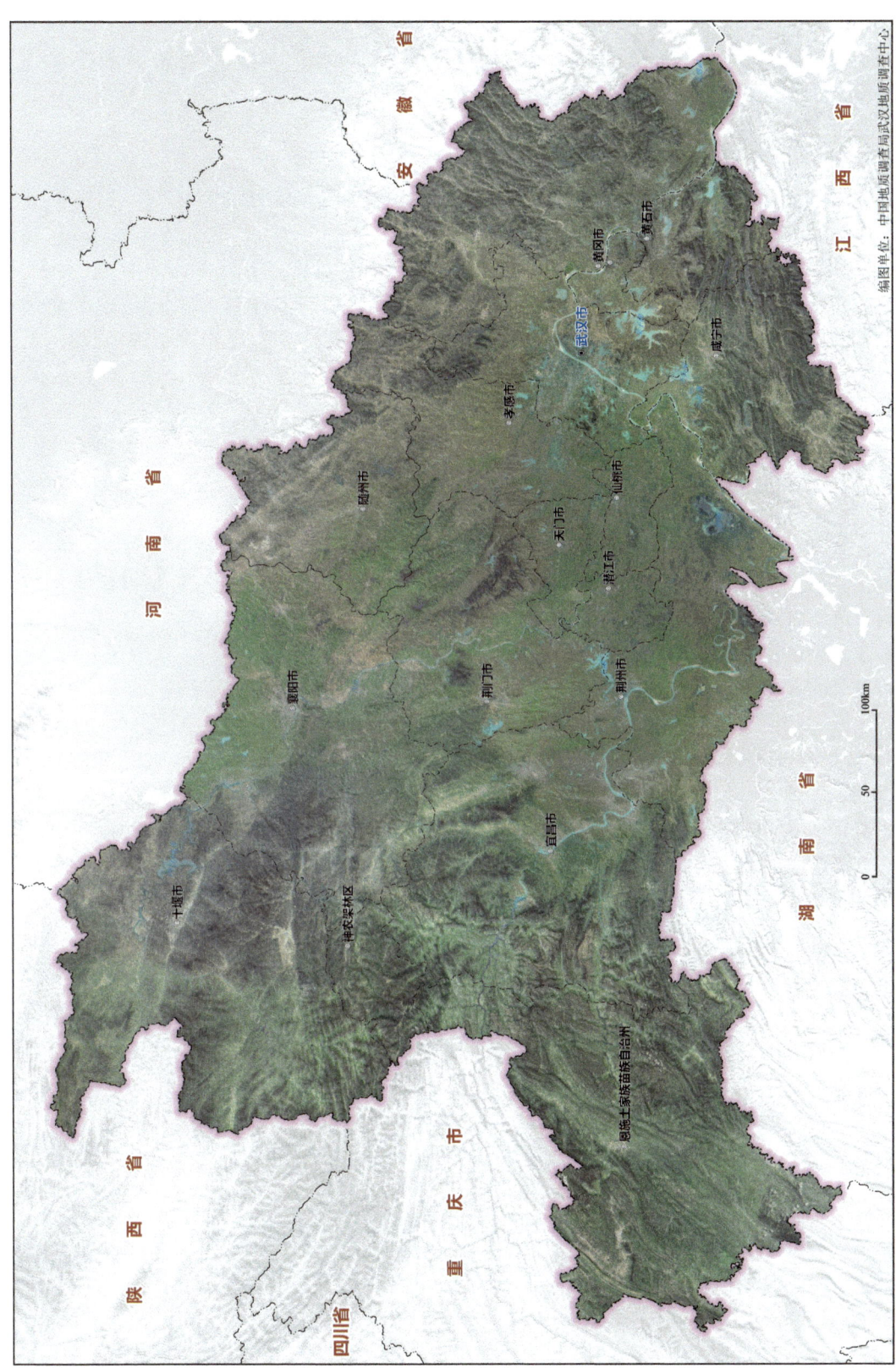

图1-3-1 湖北省卫星遥感影像图

主要分布在嘉鱼至黄梅沿长江一带,是长江中游平原的组成部分。这一带注入长江的支流短小,河口三角洲面积狭窄,加之河间地带河湖交错,夹有残山低丘,因而平原面积收缩,远不及江汉平原平坦宽阔。

3. 河流与湖泊

湖北省境内除长江、汉江干流外,省内各级河流河长 5km 以上的有 4228 条,河流总长 5.92 万 km,其中河长在 100km 以上的河流 41 条。长江自西向东,流贯省内 26 个县市,西起巴东县鳊鱼溪河口入境,东至黄梅滨江出境,流程 1041km。境内的长江支流有汉水、沮水、漳水、清江、东荆河、陆水、漀水、倒水、举水、巴水、浠水、富水等。其中汉水为长江中游最大支流,在湖北省境内由西北趋东南,流经 13 个县,由陕西白河县将军河进入湖北省郧西县,至武汉汇入长江,流程 858km(图 1-3-2)。

湖北省素有"千湖之省"之称。境内湖泊主要分布在江汉平原上。全省现有湖泊 755 个,湖泊水面面积合计 2 706.851km^2。100km^2 以上的湖泊有洪湖、长湖、梁子湖、斧头湖。

4. 气候

湖北省地处亚热带,位于典型的季风区内。全省除高山地区外,大部分为亚热带季风性湿润气候,光能充足,热量丰富,无霜期长,降水充沛,雨热同季。全省大部分地区太阳年辐射总量为 85~114kcal(1cal=4.2J)/cm^2,多年平均实际日照时数为 1100~2150h。日照地域分布是鄂东北向鄂西南递减,鄂北、鄂东北最多,为 2000~2150h;鄂西南最少,为 1100~1400h。日照季节分布是夏季最多,冬季最少,春、秋两季因地而异。全省年平均气温 15~17℃,大部分地区冬冷、夏热,春季气温多变,秋季气温下降迅速。一年之中,1 月最冷,大部分地区平均气温 2~4℃;7 月最热,除高山地区外,平均气温 27~29℃,极端最高气温可达 40℃以上。全省无霜期在 230~300d 之间,各地平均降水量在 800~1600mm 之间。降水地域分布呈由南向北递减趋势,鄂西南最多达 1400~1600mm,鄂西北最少,为 800~1000mm。降水量分布有明显的季节变化,一般是夏季最多,冬季最少,全省夏季雨量在 300~700mm 之间,冬季雨量在 30~190mm 之间。6 月中旬至 7 月中旬雨量最多,强度最大,是湖北的梅雨期。

二、区域地质概况

湖北省发育有太古宙—新生代地层和超基性、基性、中酸性、酸性、碱性岩浆岩及各类变质岩。其中,沉积岩面积占全省总面积的 61%,变质岩面积占全省总面积的 32%,岩浆岩面积占全省总面积的 7%(图 1-3-3)。省内地层发育较齐全,岩浆活动较强烈,地质构造复杂,矿产资源较丰富。

1. 地层

1)新太古代—中元古代地层

该地层主要分布于北部秦岭地层区,由东向西依次出露大别山岩群、红安岩群及武当岩群,为一套中深变质岩;南部扬子地层区在神农架、黄陵等地有小面积出露,包括水月寺岩群、崆岭岩群、神农架群、冷家溪群等,为一套中浅变质岩系。其中大别山岩群、水月寺岩群、武当岩群主要赋存金、银、铜、铁等矿产,红安岩群是变质磷矿和重稀土矿的重要赋存层位。

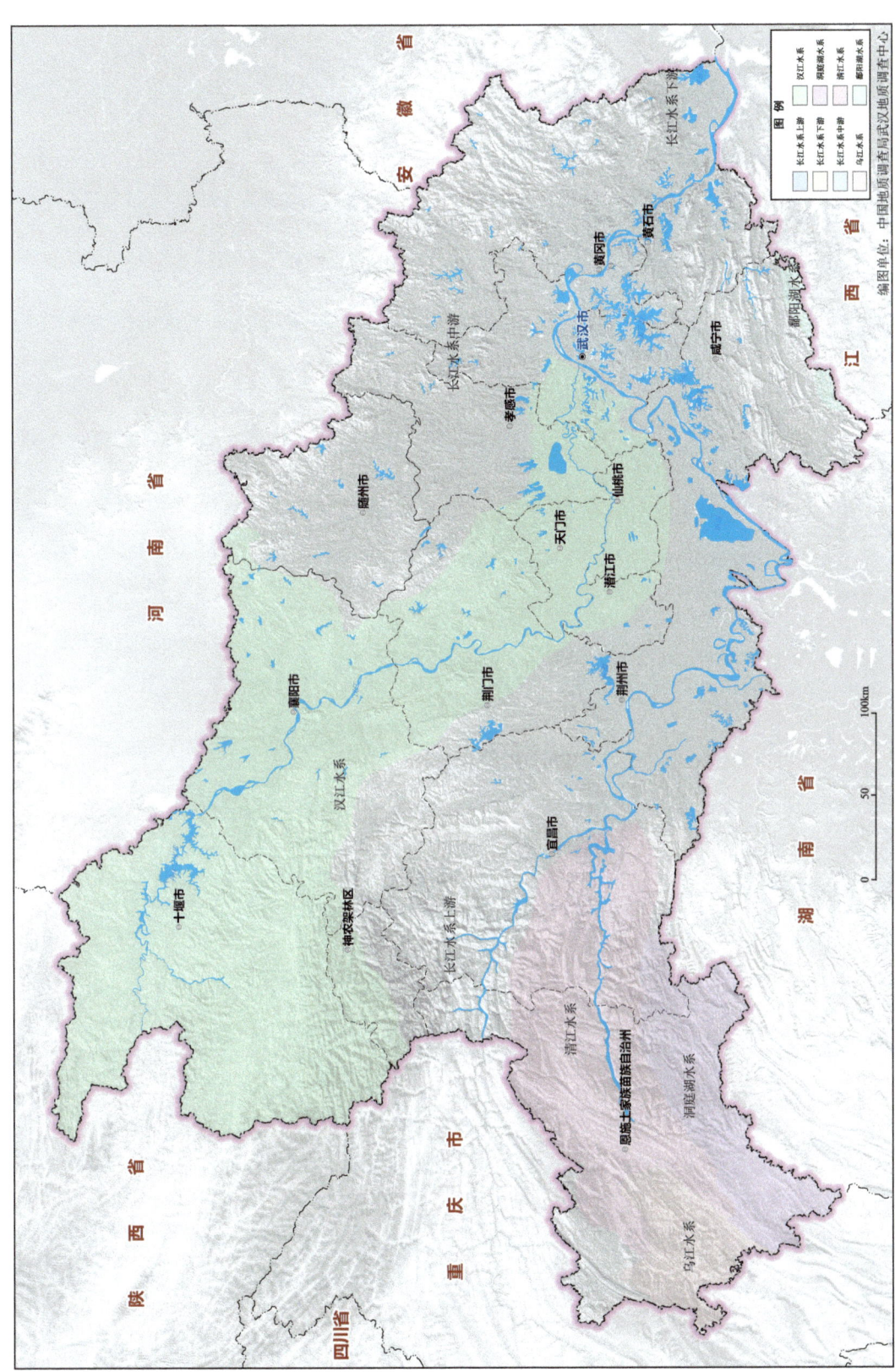

图 1-3-2 湖北省水系流域图

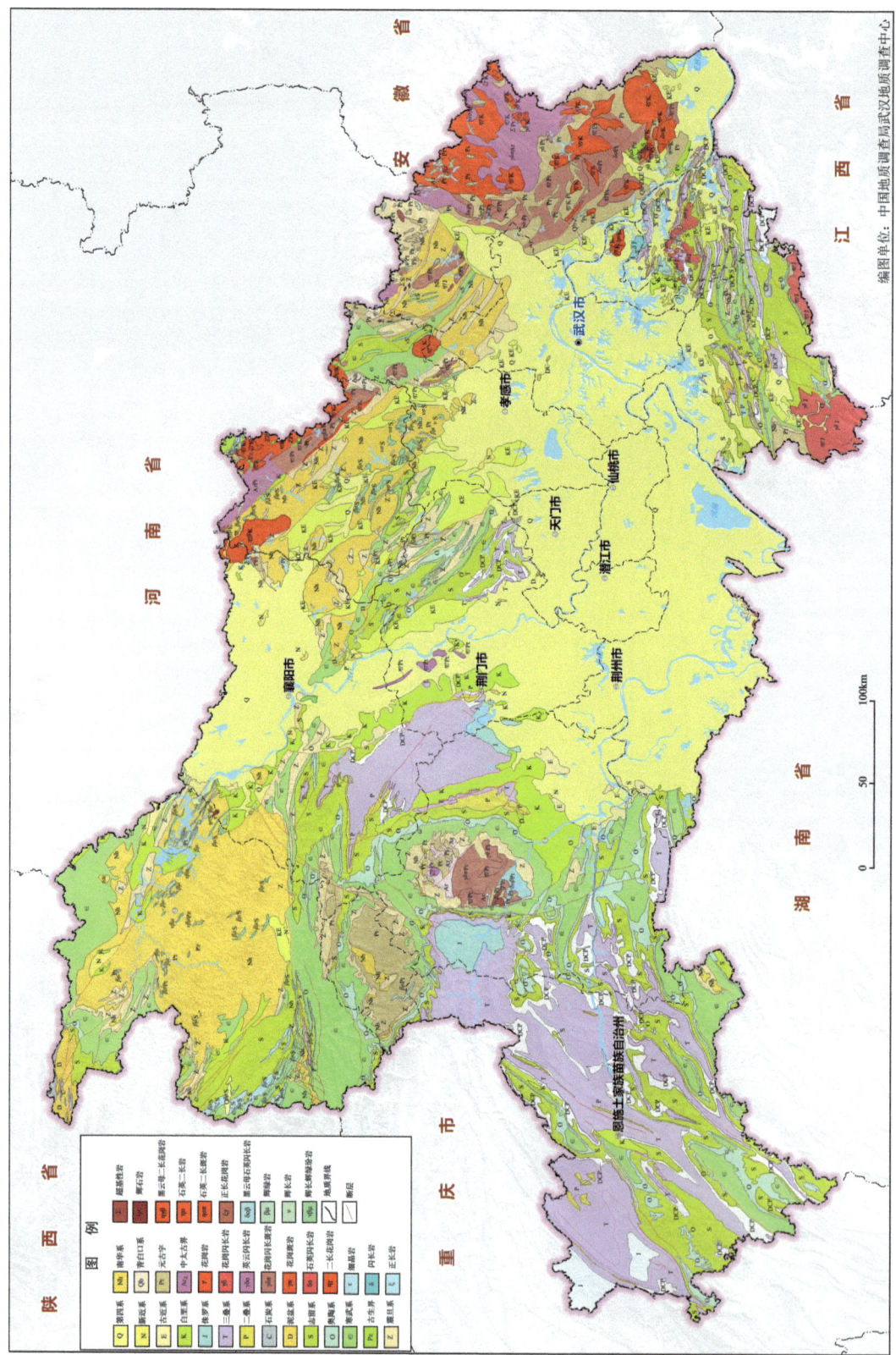

图1-3-3 湖北省地质图

2）新元古代地层

该地层在秦岭地层区主要为一套变火山岩、变沉积泥质岩组合。扬子地层区主要为一套滨浅海碎屑岩-碳酸盐岩组合。该时期是湖北省重要的成矿期，赋存有磷、锰、钒、钼、铅锌等矿产，如赋存于震旦系陡山沱组和灯影组中的磷矿、铅锌矿，南华系大塘坡组中的锰矿和耀岭河组中的铁矿等。

3）古生代地层

该地层在秦岭地层区分布较少，为一套厚度较大的盆地相火山凝灰质和灰泥质沉积岩，岩石普遍发生低绿片岩相变质。扬子地层区分布广泛，以海相碳酸盐岩和碎屑岩为主。古生代地层中主要有钒、锰、铁、煤等矿产，如扬子地层区中晚泥盆世形成的高磷赤铁矿、二叠纪形成的煤矿等。

4）中-新生代地层

该地层主要分布于中-新生代坳陷盆地，以江汉盆地分布范围最大。除早-中三叠世地层主要为一套海相碳酸盐岩和碎屑岩沉积外，其他时代均为陆相碎屑沉积岩。该时期形成的矿产主要为产于中-新生代坳陷盆地中的岩盐、卤水、石膏、芒硝、石油、天然气等。

2. 构造

湖北省主体处于扬子板块与华北板块中生代对接带的南侧，仅鄂东北大别山地区处于对接带的北缘。中生代晚期—新生代滨太平洋构造域叠加在早期构造形迹之上。根据中生代（印支运动）以来的地质构造面貌，省境内可以划分为6个构造区。

1）Ⅰ-1 北秦岭造山带内带（大别隆升、断褶区）

该带核部主体物质为新太古代—古元古代变质花岗岩-绿岩-碎屑岩系列。中新元古代以来的地层沿其周缘分布，总体为一个以太子店-龟峰山为中心的呈北西向延伸的复背斜，各时代变质地层局部无序，并有大量中酸性岩侵位。

2）Ⅱ-1 南秦岭造山带内带（桐柏-大悟隆升、断褶带）

该带基底岩系特征与大别山岩群类似，空间上形成一条北西-南东向带状片麻岩穹隆，盖层为中新元古代—早古生代变质地层。经历了多期构造变形，各时代地层局部无序、整体有序，有大量中酸性岩侵位。

3）Ⅱ-2 南秦岭造山带外带（十堰-随州褶冲带）

该带呈北西条带状展布于湖北省西北部及北部，中段被新生代襄阳盆地掩盖。该带发育多期褶皱、断裂，地质构造复杂，沿层间构造裂隙侵入的以基性岩为主的岩床、岩墙、岩脉较发育。

4）Ⅱ-3 扬子陆块北缘（前陆褶冲带）

该带北界受北西西向城口-襄阳-广济大断裂所限，南界以北西西向阳日-京山断裂与稳定的扬子地台变形区分开。该带岩浆活动微弱，主要构造变形为一系列北西西向叠瓦状紧闭线状逆冲断裂和倒转褶皱。

5）Ⅱ-4 扬子陆块（台地褶皱构造区）

该带分布于阳日-京山断裂以南湖北省境内广大地区。该区在晋宁运动（距今约8亿年）形成的结晶基底基础上，历经扬子稳定地块盖层发展和多期构造改造的过程，主要构造变形为一系列浅层次的正常褶皱和脆性断裂。在鄂西黄陵地区前震旦系基底有元古宙超基性、基性及酸性岩浆岩侵入活动,在东南地区有燕山期中酸性岩浆侵入活动。

6)Ⅲ-1 襄阳-汉江坳陷、断陷内陆盆地

中生代晚期以来进入喜马拉雅活动期,受滨太平洋构造域的影响,湖北省内出现了襄阳-汉江坳陷、断陷内陆盆地,呈北北西向及北北东向横跨叠加前新生代基底构造线。盆地内堆积了数百米至数千米红色碎屑-泥质沉积物,第四纪以前沉积物均已成岩并被新断裂切割成不同块体,总貌显示构造比较简单。

3. 岩浆岩

全省共有大小岩体千余个,总面积约 13 000km^2。按形成时期可分为古元古代大别期、中元古代扬子期、早古生代加里东期和中-新生代燕山期—喜马拉雅期等。酸性、中酸性、基性、超基性和碱性岩类均有出露。其中,酸性、中酸性岩浆岩占 85%,主要分布于鄂东南、鄂东北和鄂西黄陵背斜核部;基性、超基性岩浆岩较少,分布于鄂北及黄陵背斜;碱性、偏碱性岩浆岩和碳酸岩仅见于竹山—房县、随州—枣阳局部地段;火山岩主要分布于鄂北及鄂东南地区。

1)酸性、中酸性岩浆岩

该类岩浆岩以燕山期形成为主,主要分布于桐柏山、大别山、黄陵、幕阜山及鄂东南地区。主要岩石类型为闪长岩、花岗闪长岩和花岗岩,相应的脉岩有石英岩脉、伟晶岩脉、花岗斑岩脉;火山岩类型为流纹质、安山质、石英角斑质火山喷发熔岩及火山碎屑岩。元古宙及其以前的中—酸性侵入岩均遭区域变质,已变质为英云闪长质、奥长花岗质、花岗闪长质、花岗质片麻岩或片麻状花岗岩,同期的中—酸性火山岩已变质成各类长英质片麻岩、变粒岩、片岩及浅粒岩。燕山期岩浆岩形成湖北省重要的铁、铜、金、钨、钼、硫等内生矿床。

2)基性、超基性岩浆岩

该类岩浆岩在各期均有分布,但出露面积较小,主要分布于鄂北及黄陵背斜。主要岩石类型为橄榄岩、辉石岩、角闪岩、辉长辉绿岩,少量碳酸岩、煌斑岩、钾镁煌斑岩、玄武岩、粗面岩、细碧岩及相应的火山碎屑岩。元古宙及其以前的基性—超基性岩经区域变质作用改造,多已形成蛇纹岩、蛇纹片岩、滑石片岩、角闪石片岩、斜长角闪岩、角闪片岩或绿片岩。与该类岩石相关的矿产有铬、镍、铁、钛、金、建筑石材等。

3)碱性、偏碱性岩浆岩和碳酸岩

该类岩浆岩以加里东期形成为主,见于竹山—房县、随州—枣阳等地的局部地区,岩石类型为正长岩、碳酸岩,主要产于基性侵入岩杂岩体中。与该类岩石相关的矿产有铌、钽等矿产。

4. 变质岩

变质岩主要分布于武当山—大别山广大地区和黄陵、神农架、大洪山、幕阜山、大磨山等地,分布面积约 60 000km^2。它按变质作用可分为区域变质岩和动力变质岩。

1)区域变质岩

区域变质岩形成于太古宙—古生代各变质作用阶段,变质作用类型有区域动力热流变质作用、中压区域动力热流变质作用、高压或中高压区域变质作用和区域动力变质作用,形成麻

粒岩相、高角闪岩相、低角闪岩相、高绿片岩相、低绿片岩相、蓝闪绿片岩相和板岩—千枚岩变质相等多种变质相系。区域可分为南、北两大变质区。

北部武当山-大别山变质区:从太古宙—中生代长期遭受区域变质作用和多序次变形作用。新(城)-黄(陂)断裂以东,为深变质岩区,由北向南,依次展布着从麻粒岩至板岩—千枚岩的变质岩带;新(城)-黄(陂)断裂以西,为中浅变质岩区,分布各类片岩、浅粒岩、千枚岩、板岩。桐柏-大别深变质岩区的含柯石英榴辉岩的超高压—高压变质岩带和以蓝闪石片岩为代表的中高压变质岩带,它们在空间上自南而北依次由绿片岩相、蓝片岩相、低温超高压榴辉岩相、中高温超高压榴辉岩相和中低温高压榴辉岩相共同构成超高压—中高压变质相系。

南部扬子变质区:变质作用发生于前南华纪变质基底中。太古宙—元古宙表壳岩系和元古宙岩浆岩经低压区域动力热流变质作用,形成从低角闪岩相、高角闪岩相至麻粒岩相的递增变质带和无分带性的混合岩类高级变质岩;中元古代—新元古代地层和岩浆岩,经区域动力变质作用形成板岩—千枚岩。

与区域变质作用相关的矿产有金、银、铁、磷、石墨、金红石等。

2)动力变质岩

动力变质岩沿断裂带和剪切带分布,主要岩石类别有碎裂岩、角砾岩和糜棱岩等,赋存构造-热液蚀变型金、铜、铅、锌等矿产。

三、矿产资源与开发利用现状

湖北省矿产资源特点如下。

(1)矿产种类较多,资源储量丰富,优势矿产明显。截至2016年底,全省已发现149个矿种,其中查明资源储量矿种92个,分别约占全国已发现172个矿种和查明162个矿种的86.6%和56.8%。在查明资源储量的非油气类矿产中,磷矿、钛矿(金红石)、累托石黏土、建筑用砂岩等资源储量居全国之首,铌、锂、锶、硒及盐矿等20种矿产的资源储量居全国的第2~5位,重晶石、长石、石墨、石膏及饰面用石材等29种矿产的资源储量居全国的第6~10位。全省铁、铜资源较为丰富,磷矿、岩盐、石膏、水泥用灰岩为优势矿产。高磷铁矿、钒(沉积)、钛(金红石)、累托石黏土、页岩气为潜在优势矿产,硅质原料、饰面石材等前景较好,绿松石、百鹤玉、菊花石等颇具地方特色。

(2)矿床规模总体偏小,主要矿产集中度高,地域特色显著。截至2016年底,全省有上表固体矿产地1983处,其中小型及小矿占矿产地总数的74.33%。全省主要矿产集中分布于不同地区。富铁、富铜和金、钨、钼、钴、锶等集中分布于鄂东南地区;磷矿、硫、(高磷)铁、煤、页岩气等主要分布于鄂西、鄂西南地区;重稀土、钛、萤石、重晶石、云母、长石等主要分布于鄂北、鄂东北地区;石油、岩盐、石膏、芒硝、溴、碘、硼、铷、铯、锂等主要分布于鄂中南地区;银、金、钒、轻稀土等在鄂西北地区占据重要地位。

(3)共伴生矿多、中贫矿多、难采选矿多,开发利用难度大。全省已发现的968处金属矿产地中,共伴生矿床占70.14%,且多数伴生有多种有用有益组分,综合利用前景好,但中贫矿多,富矿少,矿石质量差,利用技术难度大。其中,煤炭资源层薄、面广、质差;磷矿、铁矿以中低品位居多,富矿少;高磷赤铁矿、铝土矿、钛(金红石)矿、稀土矿、硫铁矿等矿产有害杂质含量高、矿物嵌布粒度细、矿石质量差,开发利用难度大、成本高。

湖北省位于长江经济带中部、北京—香港与上海—重庆"十"字形区域经济发展框架的心脏地带，与珠江三角洲、长江三角洲、环渤海、西部经济区4个主要经济区形成"3小时经济圈"，是促进"中部崛起"的战略要地。全省经济持续健康较快发展，始终保持高于全国平均、中部靠前的良好发展态势。2015年，全省国内生产总值达到2.96万亿元，跃居全国第8位，增速居全国第6位。工业总产值突破4万亿元，支柱产业不断发展壮大，千亿元支柱产业有17个。

矿业及矿产品加工业在湖北省国民经济中占举足轻重的地位。2015年，全省固体矿产矿石开采量20 213.53万t，石油、地下热水和矿泉水等液体矿产452.23万t，天然气1.2亿m^3；全省采掘业工业产值1 244.04亿元，矿产品加工业总产值12 790.10亿元，矿业在工业总产值中占比达30.64%。石油、煤、地下热水、铁矿、铜矿、金矿、银矿、熔剂用灰岩、盐矿、磷矿、石膏、水泥用灰岩、建筑石料用灰岩、建筑用白云岩、建筑用花岗岩、饰面用花岗岩、建筑用大理岩共17种矿产的开采和加工业工业总产值在亿元以上。湖北省矿产资源分布如图1-3-4所示。

1. 黑色金属矿产

湖北省已探明储量的黑色金属矿产有铁、钛（金红石）、钒、锰、铬5种，其中铁和金红石为优势矿产，在全国占有重要地位。

湖北省铁矿资源丰富，具有分布广、矿床规模大、富矿集中等特点。先后发现矿床（点）600多处，已探明储量的矿产地127处，累计探明储量24.57亿t，居全国第6位。其中大、中型矿床43处，占全省铁矿总储量的92.8%。铁矿类型主要为鄂东地区大冶式铁矿和鄂西地区宁乡式铁矿以及鄂西北地区的变质铁矿，其他类型的铁矿探明储量不多，从而构成湖北省东、西两大铁矿区。

鄂西地区宁乡式铁矿，主要分布在宜昌、长阳、五峰、巴东、建始等地。先后发现矿产地89处，探明储量产地41处，占全省总量的72%。其中长阳火烧坪、建始官店口、巴东黑石板、五峰龙角坝4个大型矿床，矿石为中品位高磷、低硫鲕状赤铁矿，属难选矿石。近几年，高磷铁矿的选矿技术有所变化，武汉钢铁股份有限公司、中国首钢集团等企业在鄂西启动了高磷铁矿开发项目，部分资源得以开始利用，但均在小规模试验中。目前鄂西地区有18处矿山处于开采中。

钛矿以金红石为主，分布在郧西、枣阳，并向东延至红安等县，为赋存于变质基性岩中的原生金红石矿床和风化砂矿床，有矿产地5处，采矿权2处，占全国金红石总储量的3/4，居全国第1位。其中枣阳大阜山金红石拥有全省总储量的99%，成为全国唯一的原生金红石大矿。矿石中金红石以细粒为主，属难选冶矿石。目前由枣阳金红石矿开采，矿体厚度大，矿化较均匀，埋藏浅，绝大部分储量均在当地侵蚀基准面之上，适合大规模机械化露天开采，年产超10万t，经济效益较好。

钒矿资源具有点多面广的特点，主要分布在下寒武统黑色岩系中，以中型为主。全省发现矿产地38处，湖北西部探明储量的有丹江口市杨家堡钒矿、兴山县白果园银钒矿、鹤峰走马坪钒矿等，其中具有采权矿的矿产地有6处。矿石以含钒碳质硅质岩为主，伴（共）生银、钼、铂、钯、镍等有用组分，矿石选矿较为困难。

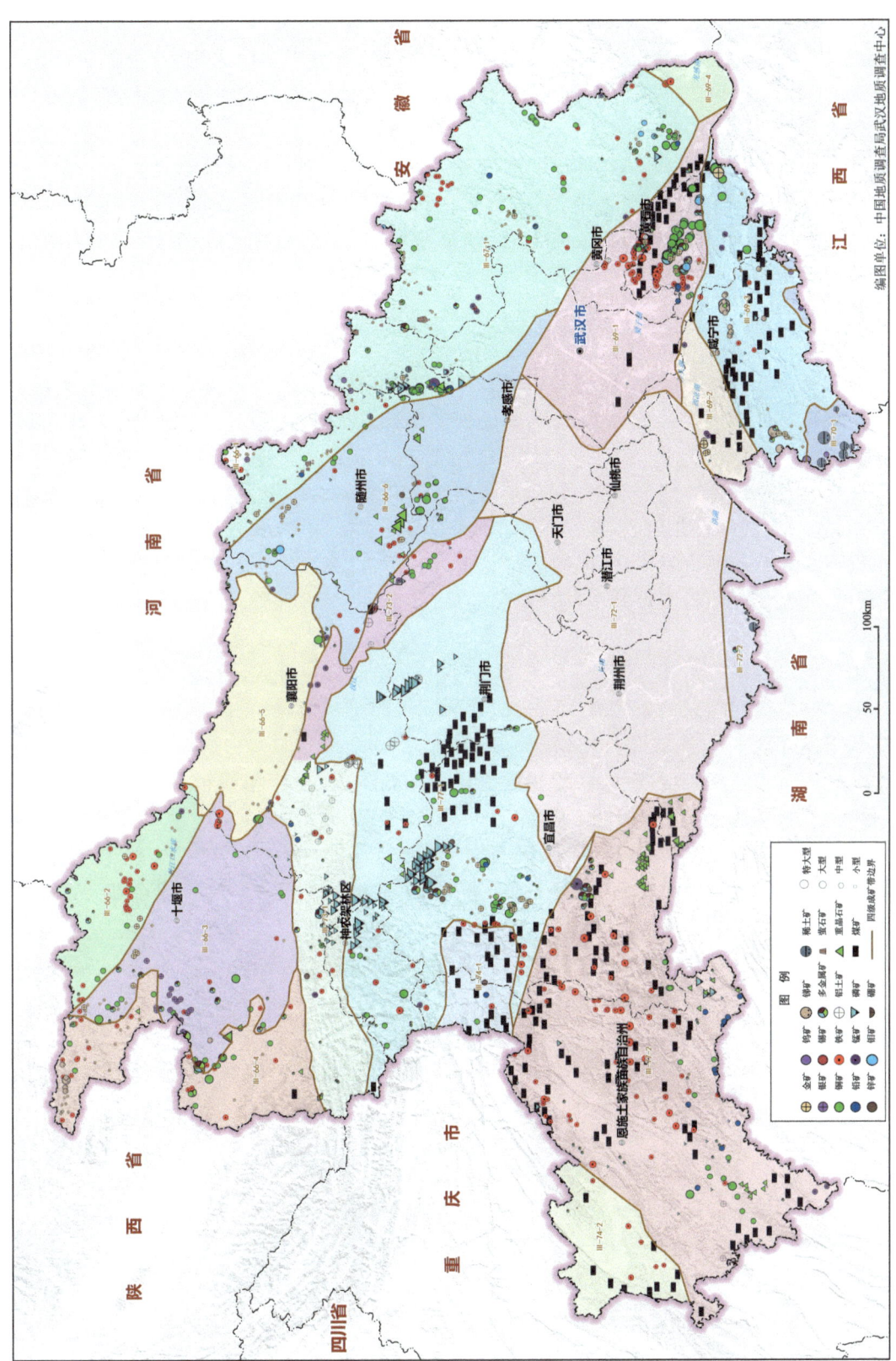

图1-3-4 湖北省矿产资源分布图

湖北省锰矿分布在长阳土家族自治县和大冶、阳新、嘉鱼等县(市),为下震旦统或下二叠统海相沉积型矿床,已有矿产地6处。其中除长阳古城锰矿为中型矿床外,其余均属小型,矿石以贫锰、高磷碳酸锰矿为主,储量占全省的3/4,由于选矿流程比较复杂,成本高,故开发利用难度较大。

铬矿分布在宜昌太平溪一带、鄂西北地区和大别山区,均属与超基性岩有关的岩浆矿床。宜昌太平溪一带发现铬矿点50多处,其中梅子厂、天花寺、青树岭3处较好。在大别山地区发现铬矿化点多处,矿化呈浸染状或细脉状,矿体规模小,不具工业价值,但为寻找铬矿提供了重要线索。

2. 有色金属矿产

湖北省有色金属矿产除锡、铋矿外,均有探明储量,尤以铜矿最为重要。东部的大冶、阳新地区的铜矿有两千多年的采冶历史;鄂西的铜矿在近、现代曾部分开发利用,有少量老硐存在,目前有4处采矿。

湖北省有色金属保有储量居全国前10位的矿产还有钴、镍、汞、锑、铝土矿5种。镍矿分布在鄂西、鄂西北及鄂东北地区,有岩浆型、热液型和沉积型3类,共发现矿产地9处,仅大悟县银山寨蛇纹岩矿床属大型矿床,但镍品位太低,目前难以开发利用;汞矿主要分布在鄂西南地区,有矿(床)点9处,长阳钟鼓湾(中型)和杨溪(小型)两个矿区曾小规模开采利用;锑矿分布在鄂南和鄂西北地区,有矿(床)点11处,其中探明储量的矿区3处,通山徐家山(中型)和崇阳方山(小型)锑矿已由地方开采;铝土矿主要分布在南漳—保康、宜城、荆门—京山等地,有矿产地19处,探明储量的矿区有12处,矿石为一水铝土矿,铝硅比值小,冶炼成本高,宜城西山矿区规模较大。

湖北省内有工业利用价值的钨、钼矿属大冶—阳新一带(龙角山铜矿、封三洞铜矿)与铜矿共(伴)生的接触交代型白钨矿和辉钼矿。

全省共发现铅锌矿(床)点130处,探明储量的矿区有14个。由于主要矿床(如阳新银山、武穴阳城)的矿石为氧化矿石,且品位低、埋藏深,而其他矿区的矿体小而分散,故开发利用储量仅占探明储量的10%,鄂西地区仅有2处在小规模开采中。铅、锌矿主要从共(伴)生于接触交代型铜金矿的选冶过程中综合回收,是湖北省短缺的矿种。

3. 贵金属矿产

湖北省金、银矿产资源比较丰富,铂、钯在鄂东北和鄂西北地区的超基性岩中见有矿化,但未构成工业矿床。

在湖北西部的汉江、丹江及长江沿岸,自古淘金颇盛,开采历史悠久。砂金矿主要有郧县秦家沟、茅窝等中小型矿床。

据全国矿产资源潜力评价项目(截至2008年)统计,全省共发现金矿床(点)300余处。矿床成因类型有矽卡岩型、热液型、沉积型、破碎带蚀变型和风化黏土型等。经探明有工业储量的矿产地46处,其中大中型矿区9处。共(伴)生在矽卡岩型铜、铜铁、铜金、铜硫矿床和热液型银、铅锌矿床中的金的储量占总储量的90%以上,主要分布在鄂东南地区,西部有15处矿山,仅竹山县的银洞沟等伴生金储量达大型。单一金矿分布较广,矿床以中小型为主,如大冶陈子山、大悟白云、秭归拐子沟等热液型金矿和黄石肖家铺、崇阳方山等破碎带蚀变岩型金矿均有一定的工业价值。风化黏土型金矿也有发现,但规模较小。

湖北省探明有工业储量的银矿产地26处,其中大、中型矿区3个。独立银矿仅竹山银洞沟变质火山热液型银金矿床1处,探明银储量约占全省总储量的1/5。其他银矿均为共(伴)生矿,分布在宜昌和黄石、咸宁等地。共生银矿主要有兴山县白果园、长阳县向家岭等沉积型银钒矿床和当阳铜家湾热液型多金属矿床。伴生银矿主要分布在鄂东南的矽卡岩型铜、铜铁、铜金矿床和层控热液型铅锌矿床中。

4. 稀有、稀土金属和分散元素矿产

湖北省稀有金属矿产主要分布在鄂西北、鄂南及鄂中江汉盆地。矿床类型有岩浆型、伟晶岩型、沉积型、热液型和区域变质型。竹山庙垭碳酸岩型铌稀土和通城断峰山含钽铌伟晶岩矿床分别为湖北省铌和钽的主要矿区,但因矿石品位偏低、开采经济效果不理想而未被开发利用。锶、铷、铯为氯化钠的伴生元素,赋存在潜江凹陷的卤水中,探明储量为大型规模。锆英石以冲积砂矿为主,未有利用。铍(绿柱石)主要为伟晶岩型钽铌伴生矿物,曾小规模开采。

湖北省稀土金属矿产有以铈为主的碳酸岩型原生矿和独居石砂矿,前者主要矿区是竹山庙垭大型铌稀土矿床,后者主要分布在鄂南通城、石首等地,均未被开发利用。以钇为主的重稀土矿主要分布在应山、大悟两县,矿床属火山-沉积变质型,因矿石品位太低而未被开发利用。

湖北省分散元素矿产保有储量位居全国前10名的有硒、铊、碲、铼、锗、镓6种。硒有5处大型矿床,铊、铼、镉各有1处大型矿床,其他分散元素矿产均为小型规模。本类矿产主要以伴生组分形式赋存在鄂东南矽卡岩型铜、铜金和铁矿床(有锗、镓、钢、铊、铼、硒、碲),其次赋存在鄂东的热液型铜、钼铜、铜硫、银金、铅锌及多金属矿床(有锗、铊、铼、镉、硒)和鄂西的沉积型铝土矿、银钒矿床中(有镓、硒)。恩施双河沉积型硒矿赋存于下二叠统茅口组上部含碳硅质岩段,已开发利用,并取得了显著的社会经济效益。

5. 非金属矿产

湖北省非金属矿产资源丰富,种类齐全,以中部与西部为多。湖北省非金属矿产有冶金辅助原料、化工原料、建材及其他非金属矿产70多种,已探明储量的矿产地400多处,磷矿、岩盐、纤维石膏、累托石黏土、溴、碘、硼等为省内优势矿产,其中磷矿和纤维石膏的储量及产量在全国占有举足轻重的地位。

1)冶金辅助原料矿产

冶金辅助原料矿产有萤石、耐火黏土、熔剂用灰岩和白云岩、硅石等8种,资源丰富,开采利用较多。

萤石矿产地32处,主要分布在鄂东北大别山区,以热液型脉状矿床为主。探明储量的矿床5处,其中大悟宣化板仓为中型萤石矿床,红安华河(寨山)为大型萤石矿床。湖北省西部以普通萤石为主,有14处正在开采中。

耐火黏土矿产地24处,分布在襄阳、宜城、荆门、钟祥、宜都、恩施等地,均属下二叠统沉积矿床,与煤、黄铁矿共生,其中探明储量的矿产地11处。矿石以硬质黏土为主,次为软质黏土和高铝黏土。主要矿区有宜城西山、宜都夏家湾和恩施屯堡等耐火黏土矿,其中宜城西山耐火黏土矿是省内重要的产出基地。

硅石有矿产地22处,产出层位以中泥盆统云台观组为主,与宁乡式铁矿共生。矿石质量好、分布广,主要矿区有露天开采的大型矿床宜昌官庄硅石矿、武昌八分山硅石矿等。热液型脉石英矿分布在鄂东北,规模较小。

熔剂用灰岩(白云岩)矿产地30余处,主要分布在大冶、武昌、宜都、长阳和恩施等地。灰岩产出层位以中石炭统黄龙组为主,白云岩以赋存于石炭系和三叠系中的矿床规模较大,有武昌乌龙泉,大冶陈家山、岩峰,宜都鄢家沱和长阳马鞍山等大型矿床。

2)化工原料矿产

湖北省化工原料矿产有磷、盐、钙芒硝、钾盐、溴、碘、硼、硫铁矿、重晶石、化工用灰岩和白云岩、含钾页岩等20种。投入地质工作较多的是磷、盐和硫三大资源。

磷矿资源分布广,矿床规模大,矿石质量较好。探明储量的矿产地82处,其中大型矿床13处,累计探明储量居全国第一位,鄂西地区有采矿权105处。矿床类型以鄂西震旦纪沉积型磷块岩矿床最为重要,主要有荆襄、宜昌、保康和鹤峰四大磷矿及南漳邓家崖磷矿、兴神磷矿等,拥有储量约30亿t,其中宜昌、荆襄两大磷矿已成为我国磷化工基地。宜昌磷矿地跨宜昌、远安、兴山3县,矿区由南往北划分为晓峰、交战垭、盐池河、殷家沟、桃坪河、丁家河、樟村坪、店子坪、殷家坪、白果坪、树空坪、灰石垭、杉树垭、栗西14个矿区;荆襄磷矿位于钟祥、宜城两县境内,分属荆州、襄阳两地市,故称荆襄磷矿(又称襄阳磷矿),该矿东濒汉江,呈南北带状延展,北起宜城八角山,南至钟祥县牛家冲,因受北东向断裂切割分为南、北两个矿区,南为朱堡埠矿区,北为胡集矿区。鄂东北地区主要产出沉积变质型磷矿床,其中大悟黄麦岭大型磷矿是鄂东北地区重要的磷矿采选联合基地。

盐类矿产资源丰富。盐矿(岩盐和卤水)分布在应城、云梦、潜江、枣阳、利川等9个含盐盆地24个矿区中。卤水主要分布在潜江盆地,次为利川建南。芒硝与盐矿共(伴)生,分布在应城和枣阳等地。

硫(硫铁矿、伴生硫、自然硫)矿产地107处,主要分布在鄂西南和鄂东南地区,探明储量的矿产地36处。其中鄂西二叠系煤系中沉积型硫铁矿最为重要,占总量的90%以上,主要有建始磺厂坪、鹤峰黄家营、恩施沐抚和百家洞、宜昌夏家湾、钟祥杨榨、荆门仙居等硫铁矿床。鄂东地区接触交代和热液型铜铁矿床中的伴(共)生硫,以综合回收为主。此外竹山文峪河火山沉积型和通山慈口自然硫等矿床规模较小。

重晶石已发现矿产地120多处,主要分布在鄂西和鄂中地区,探明储量的矿产地8处。以下寒武统沉积变质矿床为主,有随州柳林、京山余家冲等大型矿床,分布在松滋、宜都、五峰、恩施一带,为中低温热液脉状矿床,规模较小,共有矿63处。

3)建筑材料及其他非金属矿产

湖北已发现的建筑材料及其他非金属矿产有36种,其中25种探明有储量或已开发利用。纤维石膏、膨润土、累托石黏土、石榴子石矿等探明储量在全国居领先地位。水泥用灰岩、饰面花岗岩、饰面大理岩、石墨均有一定的优势。绿松石为湖北省久负盛名的矿产。

石膏产地16处,其中大型矿床8处,分布在应城、云梦、荆门、当阳、武昌、黄石、利川等地,矿床成因类型以白垩纪—新近纪内陆湖沉积型为主。

累托石黏土有钟祥杨榨和南漳大坪两个矿区,均赋存于上二叠统吴家坪组下部煤系内,属沉积型矿床,居全国第一。

膨润土产地 20 多处,分布在鄂城、武昌、荆门、江陵等地。其中鄂城胡朝保、柯仙岩、武昌上熊等大型矿床产于中生代火山岩盆地内。襄阳景峪山大型矿床为古近系+新近系内陆湖沉积。

硅灰石主要分布在大冶、阳新一带,系矽卡岩型矿床。

鄂西地区方解石矿山 80 余处。

石榴子石矿主要分布在枣阳大阜山,并与金红石矿伴生,其次是在通城断峰山伟晶岩中与稀有金属伴生。枣阳金红石矿山已将石榴子石作为副产品回收利用。

石墨产地 4 处,主要分布在宜昌三岔垭—兴山东冲河一带,均系沉积变质矿床,开采规模较大的是宜昌三岔垭石墨矿。

水泥用灰岩产地 40 余处(其中大型矿床 6 处,中型矿床 13 处),主要分布在鄂西和鄂东南地区。其中规模较大的有黄石市黄金山灰岩矿与荆门市苏畈灰岩矿。用于水泥生产配料砂岩、页岩的矿山有数 10 处之多,且分布分散。

饰面花岗岩分布广、品种多,其中著名的有兴山圈椅淌红色花岗岩("三峡红")、随州的麻粒金与石首芙蓉色花岗岩。大理石分布在随县、大悟、广济、浠水、黄石、宜昌等地,其品种有晶白、雪浪、汉白玉、叠翠等数十种,其中以黄石象鼻山、浠水白石山大理岩与鹤峰三叉溪生物型(海百合茎)大理石最为出名。鄂西地区饰面花岗岩、大理岩、灰岩、板岩等建材矿山近百处。

绿松石分布在鄂西北的竹山、郧县和郧西等县。矿点 60 余处,有 9 处已开采,开采历史悠久。其中,郧县云盖寺绿松石矿规模较大,是国内绿松石最大的生产矿山。

6. 能源矿产

湖北省能源矿产以煤为主,石油和天然气仅有江汉油田和建南天然气田,是能源短缺的省份之一。

煤炭分布在 40 多个县(市)境内。主要成煤期有早二叠世(马鞍山煤系或麻土坡煤系)、晚二叠世(龙潭煤系或炭山湾煤系)、晚三叠世—早侏罗世(香溪煤系或武昌煤系),产地集中于黄石、松宜、蒲圻、香溪河、荆当、武昌、齐岳山等地区。全省已探明煤矿区或井田均属小型煤矿,其中开发矿区约占 1/2,全省煤炭储量以宜昌地区和恩施地区为最多(256 处矿山),黄石和松宜是主要产煤基地。

石煤主要分布在鄂西北和鄂东南等地,赋存于中元古界武当岩群上亚群、神农架群中亚群、新元古界耀岭河群、下寒武统及下志留统等地层中。其中下寒武统和下志留统为主要的含石煤层位。石煤厚度变化大,由于石煤发热量低,目前尚未大规模开发利用。

江汉油田是湖北省唯一的综合型石油化工基地,储量属中型。位于鄂西利川和川东石柱两县(市)交界处的建南天然气田为小型气田。

7. 地下水资源

湖北省拥有丰富的地下水、地热和矿泉水资源。矿泉水资源分布于省内 52 个县(市)。饮用天然矿泉水主要有含锶型、含偏硅酸、含锶偏硅酸型和含锶硒型 4 种基本类型,主要分布在房县、襄阳、崇阳、安陆、钟祥、罗田、建始等地,部分已经开采与利用,具有广阔的开发前景,目前鄂西地区建始、房县、长阳有矿泉水开采,为含锶偏硅酸型和含锶硒型。

四、矿山地质环境

矿产开发业的发展带动了经济的发展,但也导致了矿山所在地及其周边生态环境的恶化,甚至给人民群众的生命财产和地方经济带来损失。湖北省矿业活动产生的矿山地质环境问题较多,主要有矿山地质灾害(崩塌、滑坡、泥石流、地面塌陷、地面沉降、地裂缝、矿坑突水)、矿业开发占用及破坏土地资源(侵占土地)、矿业开发对地下水系统的影响与破坏(水均衡破坏)、矿山废水废渣对环境影响(土壤污染、尾矿库溃坝、水土流失、地表水污染、地下水污染)四大类。

根据以往矿山环境地质问题遥感调查与评价资料,湖北省矿山开发产生的环境问题主要有13种,如侵占土地、土壤-水污染、崩塌、泥石流、地裂缝、地面塌陷、地面沉降、地形地貌景观破坏、尾矿库溃坝隐患等。地区不同、开采矿种不同,其作用形式与特点也不同(表1-3-1)。

表1-3-1 湖北省主要矿山地质环境特点

环境要素	矿山工程活动对矿山环境的作用形式	矿山工程活动产生的主要矿山环境问题	主要分布地区	相关矿种
地面环境	地下采空,地面及边坡开挖,废渣、尾矿排放,废水排放	生态景观破坏	全区	各矿种
		采空区塌陷	宜昌、荆州和钟祥等地	磷、煤、膏盐矿
		山体开裂	宜昌、钟祥	磷、煤等
		崩塌、滑坡	恩施、十堰、荆州、宜昌等地	磷、煤、石材等
		泥石流	鄂西和恩施等地	磷矿、辉锑矿和绿松石矿
		侵占土地、土壤污染、水土流失	普遍	普遍
		尾矿库溃坝	—	—
水环境	地下水位降低,废水排放,废渣、尾矿排放	水均衡破坏、地表水污染、地下水污染	宜昌、荆门等地	磷、煤、金属矿产等

1. 地面塌陷

地面塌陷是鄂西地区矿区内普遍存在、影响最为严重的一种矿山地质灾害,主要发生在以地下开采为主的磷矿矿山内,以荆襄磷矿区为多。地面塌陷不仅损毁农田和各类地表建筑物、道路,引发矿区地表水水位下降,而且对矿区周围居民安全构成严重的威胁,对他们的生产和生活造成了严重影响。

2. 地裂缝

矿业活动导致的地裂缝主要为地下采空区所诱发,这类地质灾害与地面塌陷通常是伴生或共生关系,一般地面塌陷区的外围都会发育有大量的地裂缝。地裂缝会对耕地、林地、道路、房屋造成一定的破坏,并且经常是大面积地面塌陷的前兆。荆门地区采矿引起的地裂缝见图 1-3-5。

地裂缝遥感影像

地裂缝致使道路断裂实地照片

图 1-3-5　荆门地区采石矿引起的地裂缝

3. 崩塌

崩塌是位于陡崖、陡坡前缘的部分岩体在外部因素作用下,部分土块体脱离斜坡母体而形成的。崩塌的形成具有突发性,难以准确预测,破坏性强,往往可以摧毁房屋建筑,阻断交通,造成严重的人员伤亡和财产损失。在人为的采矿活动中,由于矿体本身特性或必要撑砌条件跟不上,很容易诱发崩塌。崩塌既可在矿区露天开采中出现(因石料开采采空面引起的崩塌),也可在地下井巷中出现(如地下采掘导致地面倾斜、山体开裂和崩塌等)。恩施地区采石场塌陷见图 1-3-6。

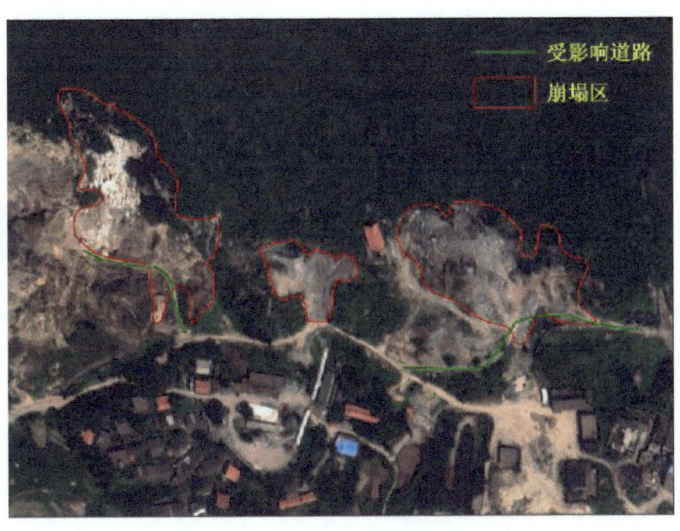

图 1-3-6　恩施地区采石场崩塌遥感影像

4. 固体废弃物压占破坏土地

鄂西地区矿山企业开采，无论是地下开采还是露天开采，都存在剥离表土的过程，这个过程中必然会有废石、废渣等固体废弃物的产生。这些固体废弃物往往在矿区内就地堆放或堆积在矿区附近和周围处，不仅占用了大量的土地资源，而且对矿区及周围的植被也产生了严重破坏；长期的堆放还会造成地表裸露，土质松软，易导致矿区水土流失增加（磷矿开采堆积的固体废弃物见图1-3-7）。

固体废弃物遥感影像　　　　　　　　　固体废弃物实地照片

图1-3-7　磷矿开采堆积的固体废弃物

5. 地形地貌景观破坏

矿山地形地貌景观破坏是指采矿活动特别是露采矿山，以及由采矿活动诱发的地质灾害导致矿区山体原貌及植被、人文景观、矿山原生态环境的破坏、山体岩石裸露、岩石松动导致山体表层植被遭到破坏。矿山开发对地貌景观破坏性影响十分突出，尤其是在交通沿线、城区、旅游区、自然人文景观保护区。露天采矿活动必然会导致地形地貌破坏及地表裸露，露天采矿形成的高陡边坡会使边坡周围的植被、表土、岩石结构破坏稳定性下降，易产生二次景观破坏。同时大面积露天采矿形成的凹陷坑几乎是不可逆的，成片的凹陷坑让原本植被茂盛的山体变得满目疮痍，对区域地貌景观产生直接破坏，对生态景观及旅游资源也产生严重影响（图1-3-8）。

图1-3-8　废弃灰岩露天采坑遥感影像

第四节 技术路线与工作方法

一、技术路线

本项目在开展过程中充分收集分析湖北省区域成矿地质背景概况、矿产资源分布特征及其开发利用状况、矿山地质环境、采矿权设置和矿产资源规划执行情况，以遥感技术、GIS 和 GPS 为手段，采取多源遥感数据与其他多源数据相结合（适时获取客观基础数据）、计算机自动信息提取与人机交互解译相结合、室内综合研究与实地调查相结合的工作方法。及时、准确、客观地对湖北省矿产资源开发利用状况、矿山地质环境、矿山环境恢复治理和矿产资源规划执行情况实施遥感调查与监测，对矿产资源的开采、综合利用以及矿山地质环境保护和恢复治理提供真实可靠的数据，为矿产资源开发管理、矿业用地管理和矿山环境保护与恢复治理政策的制定等工作提供基础数据和技术支撑，为自然资源部保持矿产资源的可持续开发与利用、维护矿业秩序以及综合整治矿区环境提供技术支撑及决策依据。

收集当年度最新湖北省探矿权和采矿权、湖北省矿产资源总体规划数据（2016—2020年）、工作区 1∶5 万比例尺地形图及相应的 DEM 数据；收集工作区自然地理、人文、气候、地质环境、社会经济、交通等资料；收集湖北省 103 个县（市、区）矿产资源规划、矿产资源分布、矿产资源开发历史及现状、矿山环境等内容有关的研究报告、图件、文字资料、数据表格等基础资料；收集单个矿山开发利用和恢复治理总体方案。

收集当年度湖北省土地变更遥感数据，补充获取土地变更调查数据，分辨率较低、质量不佳地区的国产高分辨卫星遥感数据。工作过程中，根据湖北省矿产资源开发环境遥感监测的目的，合理选择遥感数据，运用影像纠正、彩色合成与彩色空间变换、图像增强处理、数据融合以及遥感信息多层次筛选技术、信息综合分析等方法，进行矿产资源开发环境信息提取。通过综合分析和野外实地检查验证，进一步提高信息提取工作的精度。通过质量控制和中间成果的检查，促进项目成果表现形式的规范化、标准化。加强新技术方法的研究和引进。

以矿山环境学理论为指导，以地理信息系统（GIS）为平台，开展基于多方法（目视解译、计算机自动信息提取）、多数据源的人机交互式解译方法和室内综合研究与野外实地调查相结合路线，分别开展湖北省矿产资源开发状况和矿山地质环境遥感调查监测工作。

在以上工作的基础上，获取客观基础数据，形成综合分析与评价报告，为自然资源部制定矿产资源规划、保持矿产资源的可持续开发与利用、监测调查矿业开采秩序以及综合整治矿山环境提供技术支撑和决策依据。

总体工作流程如图 1-4-1 所示。

二、工作方法

（一）监测遥感底图

本书中提及的卫星遥感数据主要分为两部分。一部分为土地变更调查遥感数据，湖北省历年土地变更利用遥感数据虽然覆盖整个湖北省，但是高分辨率土地数据主要集中分布在城

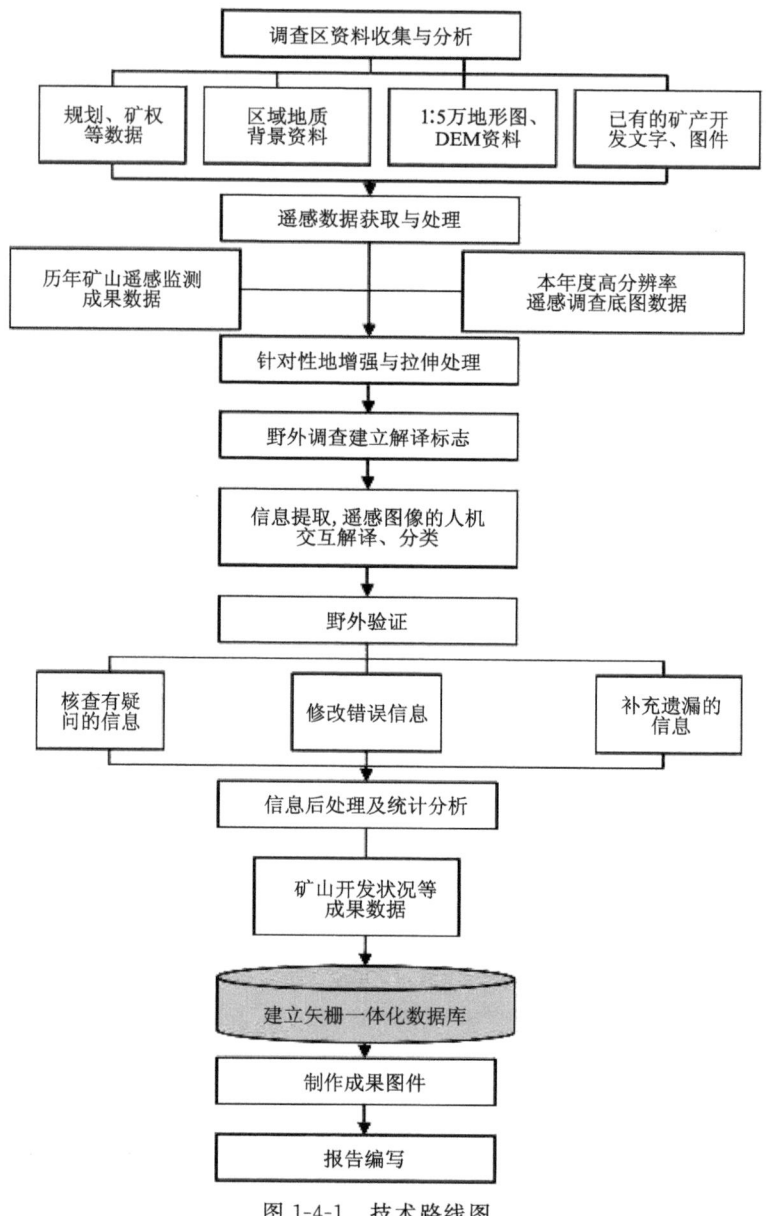

图 1-4-1 技术路线图

区、市区及城市周边。大部分矿产资源开发强烈、集中区及矿山环境问题区的数据质量较差，空间分辨率较低，特别是鄂西南恩施山区和鄂西北十堰地区等地连年数据质量较差，部分县（市）为全色影像，无法满足矿产资源开发状况和矿山环境调查与监测。因此，需要补充获取高分辨率遥感数据。补充获取的重点工作区高分辨率遥感影像数据原则上选择国产卫星数据，可供选择的数据源主要包括资源一号 02C、高分一号和高分二号等。国产卫星数据向航遥中心申请，获取后由项目组进行遥感数据处理。另一部分是铁山地区优于 0.5m 高分辨率国外遥感数据（2016 年为 pldieas，2017 年为 WorldView-2 数据）由项目组购买，并进行遥感数据处理。

国产卫星遥感数据参数如表 1-4-1～表 1-4-4 所示。

"高分一号"(GF-1)卫星是中国航天科技集团公司所属空间技术研究院航天东方红卫星有限公司研制的高分辨率对地观测卫星,于 2013 年 4 月 26 日在酒泉卫星发射中心由"长征二号丁"运载火箭成功发射。"高分一号"卫星是高分辨率对地观测系统国家科技重大专项的首发星,具有高、中空间分辨率对地观测和大幅宽成像结合的特点,可提供 2m 全色/8m 多光谱平面影像,主要用于地球遥感、公安执法、灾害环保、漂物监察、国际救灾等工作。卫星配置了 2 台 2m 分辨率全色/8m 分辨率多光谱相机,4 台 16m 分辨率多光谱宽幅相机。表 1-4-1 列出了"高分一号"卫星的主要参数。

表 1-4-1 "高分一号"卫星荷载主要参数

参数		全色/多光谱相机	多光谱宽幅相机
光谱范围/μm	全色	0.45～0.90	蓝:0.45～0.52 绿:0.52～0.59 红:0.63～0.69 近红外:0.77～0.89
	多光谱	蓝:0.45～0.52 绿:0.52～0.59 红:0.63～0.69 近红外:0.77～0.89	
空间分辨率/m	全色	2	16
	多光谱	8	
幅宽/km		60(2 台相机组合)	800(8 台相机组合)
覆盖周期/d		41	4
轨道高度/km		645(太阳同步回归轨道)	
在轨寿命/a		5～8	

表 1-4-2 "高分二号"卫星荷载主要参数

参数			指标			
轨道类型			太阳同步回归轨道			
轨道高度/km			631			
轨道倾角/°			97.908 0			
降交点地方时			10:30am			
回归周期/d			69			
载荷	谱段号	谱段范围/μm	空间分辨率/m	幅宽/km	侧摆能力/(°)	重访时间/d
全色多光谱相机	1	0.45～0.90	1	45 (2 台相机组合)	±35	5
	2	0.45～0.52	4			
	3	0.52～0.59				
	4	0.63～0.69				
	5	0.77～0.89				

表 1-4-3 "资源一号"02C 卫星基本参数表

指标	P/MS 相机			HR 相机
光谱范围/μm	全色		B1:0.51～0.85	0.50～0.80
	多光谱		B2:0.51～0.59	
			B3:0.63～0.69	
			B4:0.77～0.89	
空间分辨率/m	全色		5	2.36
	多光谱		10	
幅宽/km		60		60
侧摆能力/(°)		±32		±25
重访周期/d		3～5		3～5
覆盖周期/d		55		55

表 1-4-4 "资源三号"卫星基本参数表

平台	有效载荷	波段号	光谱范围/μm	空间分辨率/m
资源三号	前视相机		0.50～0.80	3.5
	后视相机		0.50～0.80	3.5
	正视相机		0.50～0.80	2.1
	多光谱相机	1	0.42～0.52	6
		2	0.52～0.59	
		3	0.63～0.69	
		4	0.77～0.89	

"高分二号"(GF-2)卫星是我国自主研制的首颗空间分辨率优于 1m 的民用光学遥感卫星,是国家高分辨率对地观测系统重大专项首批启动研制的卫星,是迄今为止我国研制的空间分辨率最高、观测幅宽最大、设计寿命最长的民用遥感卫星。主要目的是突破亚米级高分辨率大幅宽成像、长焦距大 F 数轻小型相机设计、高稳定度快速姿态侧摆机动、图像高精度定位、低轨道遥感卫星长寿命高可靠设计等关键技术,大幅提升我国遥感卫星观测效能,打破高分辨率对地观测数据依赖进口的被动局面,推动我国高分辨率对地观测卫星及应用水平的提升,提高国家高分辨率对地观测系统重大专项工程的社会和经济效益。搭载有 2 台高分辨率 1m 全色/4m 多光谱相机,具有亚米级空间分辨率、高定位精度和快速姿态机动能力等特点,有效地提升了卫星综合观测效能,达到了国际先进水平。"高分二号"卫星于 2014 年 8 月 19 日成功发射,8 月 21 日首次开机成像并下传数据。这是我国目前分辨率最高的民用陆地观测卫星,星下点空间分辨率可达 0.8m,标志着我国遥感卫星进入了亚米级"高分时代"。主要用户为自然资源部、住房和城乡建设部、交通运输部和国家林业和草原局等部门,同时还将为其他用户部门和有关区域提供示范应用服务。

(二)信息提取内容及方法

对矿山开发和矿山地质环境信息建立专题信息解译标志,应涵盖所有的提取类型,以保证建立解译标志的代表性。采用人机交互解译和自动信息提取相结合的方法进行。人机交互方法是矿产资源开发环境遥感调查工作的主要工作方法,自动提取通常采用监督分类和非监督分类法。以 ArcGIS10.3 为主要平台,信息提取后以矢量格式存储,并对所提取信息赋予属性。

1. 信息提取内容

1)矿产资源规划遥感监测

根据基准年和监测年度的全分辨率监测底图,分别提取矿产勘查/开采图斑位置,通过对比,判别其存续状况(原有勘查/开采图斑、新增勘查/开采图斑、关停勘查/开采图斑)。

通过区域采矿权数据与区域矿产资源规划数据的比对,提取与矿产资源规划不符的矿产开发图斑(禁止开采区中的矿产勘查/开采图斑、小于规划最小开采规模的开采图斑、公路/铁路沿线一定范围内的开采图斑)。

根据基准年和监测年度的全分辨率监测底图,分别提取矿产资源开发占地面积。通过对比,获取矿产资源开发占地变化情况,确定开发面积大于规划开发面积的规划区和矿山服务年限与规划不符的规划区。

图 1-4-2 为恩施市龙凤坝禁止开采区遥感监测图。区内 2016 年设置有 18 处采矿权,并有 3 处建筑用灰岩无证开采现象,2017 年仍设置有 16 处采矿权(图 1-4-2),这完全不符合禁止开采区的规划要求。

2)矿产资源开发状况遥感监测

根据监测年度的全分辨率监测底图,结合区域地质矿产图及断头路、排土场等采矿形迹的判译,提取开采井口、硐口的位置,圈定露天采场、活动采区的范围,判断其开采状况(开采、停产或关闭)、开采矿种(煤、铁等)。图 1-4-3 为矿权界内开采信息提取图。

图 1-4-2 禁止开采区遥感监测图

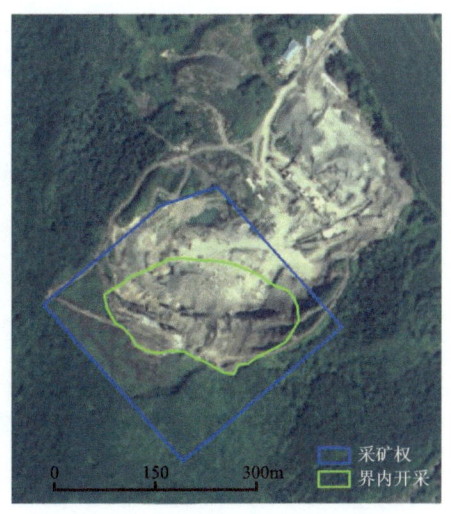

图 1-4-3 矿权界内开采信息提取图

3）矿山地质环境状况遥感监测

根据年度监测底图，按界内开采矿山、疑似违法矿山和废弃矿山，分别提取矿产勘查或开采图斑（井口、硐口、露天采场）、矿山建筑物、中转场地、固体废弃物、矿山建筑等的占地情况，包括压占、毁损的土地类型及面积。

根据年度监测底图，分别提取工作区内矿山地质灾害及隐患的类型、分布、规模、发生时间、发育特征、成因等信息，判断其危险性大小、危害程度、危害对象，估计其危害范围；提取区域矿产资源开发活动对主要交通干线、水利工程、村庄、工矿企业及其他各类影响。

图1-4-4为煤矸石遥感影像，从影像中可观察到，煤矸石堆积区域与背景农田和植被可明显区分，占用破坏了耕地和植被。图1-4-5为假彩色影像中程潮铁矿矿权内地面塌陷与植被区明显区分开的遥感监测图。

图1-4-4　煤矸石占地遥感信息提取　　　　图1-4-5　程潮铁矿矿权内地面塌陷与植被区
　　　　　　　　　　　　　　　　　　　　　　　　　　明显区分开的遥感监测图

4）矿山环境恢复治理现状

根据年度监测底图，提取废石（渣）清理、采坑（塌陷坑）回填、护坡、覆土、复绿、造景等矿山地质环境恢复治理工程信息，包括（对地质灾害体）已采取的防治措施和治理效果等信息。

通过多期监测底图的对比，监测复绿工程点是否按照复绿要求工程进行复绿作业以及复绿完成情况。

图1-4-6为东宝区金泉兰大建材有限公司石料厂复绿工程点两年遥感影像对比图，该矿山开采矿种为制灰用灰岩，闭坑时间为2007年12月19日。通过两年影像对比，可见该矿区进行了土地平整工作，植被栽种整齐有序，复绿效果良好。

图1-4-6　东宝区金泉兰大建材有限公司石料厂复绿工程点两年遥感影像对比图

2. 信息提取方法

信息提取采用直接解译与间接解译相结合、目视解译与计算机自动提取相结合。以遥感图像为背景，叠加地质矿产资料、地理资料及矿权资料等，采用 RS-GIS 一体化的采集方式，结合野外踏勘在影像图上选取训练样本并进行统计分析、建立解译标志，遵循"从已知到未知、从简单到复杂、先整体后局部"的方针实施矿山开发信息遥感解译。具体信息提取方法如下。

1）人机交互方法是该项目信息提取的工作方法

（1）目视解译。充分熟悉和掌握工作区的地质成矿背景条件，把握工作区矿产资源类型、规模以及空间分布，结合成矿地质背景，针对不同的矿种、不同的开采方式、查明不同矿产资源的含矿层位、岩体及构造的空间分布规律，针对性地在特定区域开展不同矿种的信息提取工作。

结合采矿权和探矿权数据，掌握工作区矿产资源开发现状，分清不同矿种的主要开采方式，掌握不同开采方式矿山的主要空间分布特征，比较有针对性地开展矿业活动图斑的解译。

充分利用两期遥感影像进行对比分析，建立不同分辨率遥感影像的解译标志，认识不同分辨率遥感影像的解译精度，提取新增和变化的矿业活动图斑，进一步确定矿山的开采状态。

采用已知到未知的工作方式，结合遥感影像特征，利用成矿地质背景条件和矿权数据库，推断矿业活动图斑的空间位置，根据已知的各种条件（含矿层位、岩体、构造、矿权数据），确定矿业活动图斑开采的主要矿种、开采方式、开采面及硐口的空间位置、开采状态，进一步确定开采类型，结合野外验证结果，最终圈定矿山开采图斑的属性和状态。

（2）矿山开发遥感解译过程分析。首先，遥感图像所显示的是某一矿集区特定地理环境的综合体，提供的是一种综合信息。这种"综合"表现在两个方面：一是地理要素的综合，它反映的是地质、地貌、水文、土壤、植被、社会生态等多种自然、人为要素的综合，这些因子密切相关，交织在一起，往往难以区分；二是遥感信息本身的综合，它可以是不同空间分辨率、不同波谱分辨率、不同时间分辨率、不同辐射分辨率遥感信息的综合。此外，遥感数据所反映的地理环境又是一个复杂的、多要素的、多层次的、具有动态结构和明显地域差异的开放型系统。它在时间上和空间上是不断变化的，因而遥感信息中的各要素是相互关联、复杂变化的。

因此，矿山开发遥感图像信息综合识别和信息提取过程是对遥感这一"综合信息"进行层层分解的过程。这个过程是相当复杂的，为了提高解译结果的正确性、可靠性，必须补充必要的辅助数据和先验知识（即地学、生物学、物理学、数学等专业知识），在 GIS 支持下，开发一系列相关的、多层次的、综合的应用分析方法，进行遥感与地学信息的综合分析。具体到矿山开发遥感解译，对地质专业知识、区域地理知识、遥感知识等的系统掌握，通过综合分析处理后的遥感图像上形式复杂的色调、结构及它们的变化来判别仍旧在目标识别过程中扮演着十分重要的作用。其中，解译者的地学知识和图像识别经验在识别判读中起主要作用。

（3）含矿地层、容矿部位与矿产资源开发相关性。调查区绝大部分地形切割强烈，矿产资源开发规模较小，各类矿山开发利用的影像空间特征和光谱特征较弱，矿产资源开发及矿种类型难以确定。含矿地层信息为此提供了最为直接的理论依据。

如鄂东南地区大量金属矿床于中生代岩体与三叠纪灰岩接触带附近产出，接触带附近往往会出现"登记矿种与开采矿种不一致"的违规开采现象。工作中需将遥感影像、地理地质资料、矿产资源规划数据叠加,区分矿山开发与非矿山开发图斑。

图 1-4-7 为宜昌市磷矿开采与震旦纪地层的关系,红色为震旦纪地层界线,黄色为开采的点和面。

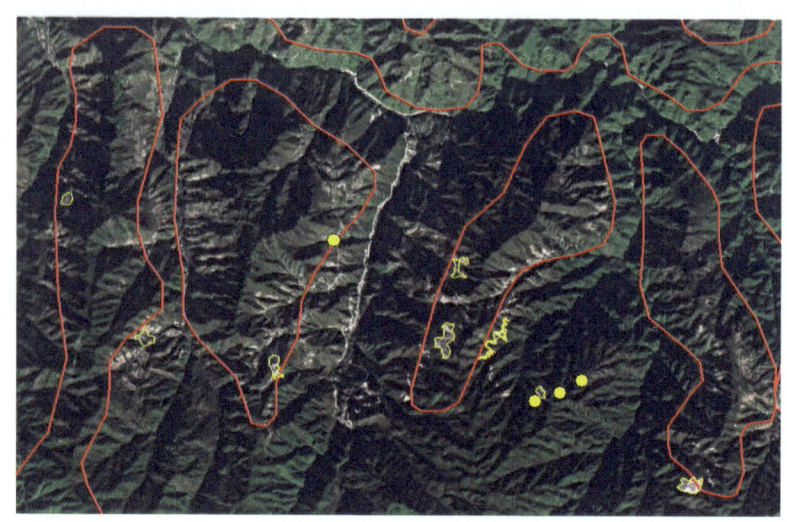

图 1-4-7　宜昌市磷矿开采与震旦纪地层的关系

(4)地学多要素相关分析。地学要素之间存在相互的成生关系,利用地学要素的图像目标之间的内在联系性,就可进行相关解译和相关分析。在图像解译时,首先需要确定图像目标之间有无相关关系以及相关关系的类型,然后依据地理环境中各目标之间的依存或制约关系,运用专业知识进行推断,确定待解译目标的地学性质、类型、状况与分布状况。在地学相关解译中,还要确定地学目标之间相互关系的类型,即正相关关系和负相关关系、直线关系和曲线相关、简单相关和复杂相关等。

相对于一般的遥感地学解译,矿山开发遥感识别具有独有的特征,通常可根据特殊的地形地貌影像组合和地质体影像组合进一步判定解译目标,即除了色调、大小、形状、位置、布局、图案、纹理等直接解译标志外,还可借助矿山开采基地影像组合特征进一步区分"诊断"目标属性。

①露天采场。原始地形地貌改变极大,又没有植被覆盖,在遥感影像图上与周边地区的色相、纹理差异显著。采场一般表现出比周围地形要低,且开采面区别于一般的裸露土地,关停采场灰度值比正在开采的要低,色调较暗。在 WorldView-2 等高分辨率影像图上(图 1-4-8),露天采场总体呈浅褐色,夹杂灰绿色色块、棕色色斑。开采场地呈灰绿色,色相均匀,边坡显示阶梯状弧形、环形纹理,密集清晰,尤以阴坡更为醒目。

②不同时期固体废弃物。近期固体废弃物没有植被覆盖,早期的固体废弃物有少量的植被覆盖,人工堆积地形特征显著,所以在遥感影像图上与周边丘陵林地区别明显。在 QuickBird 影像图上(图 1-4-9),不同时期的废弃物,颜色上差别比较大。倒石锥位于排土平台周边,扇形纹理十分清晰,向阳一侧色阶较浅,背阴一侧阴影明显。高层倒石锥明显压盖低层排土平台和倒石锥,两者界线分明。

图1-4-8 华新水泥厂台阶式露天开采WorldView-2影像特征

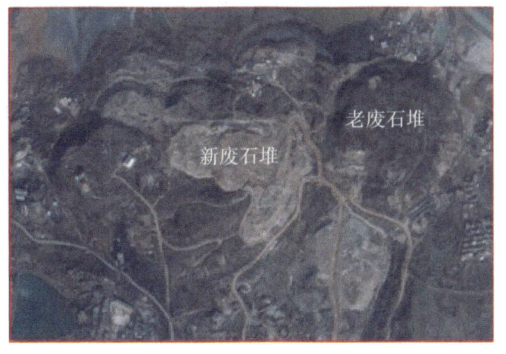

图1-4-9 铜绿山矿区不同时期的固体废弃物

③运输道路网。运输道路表现为黄白色异常色带,环绕采场呈螺旋状分布,矿山运输道路宽度可走大货车或拖拉机,如图1-4-10所示。

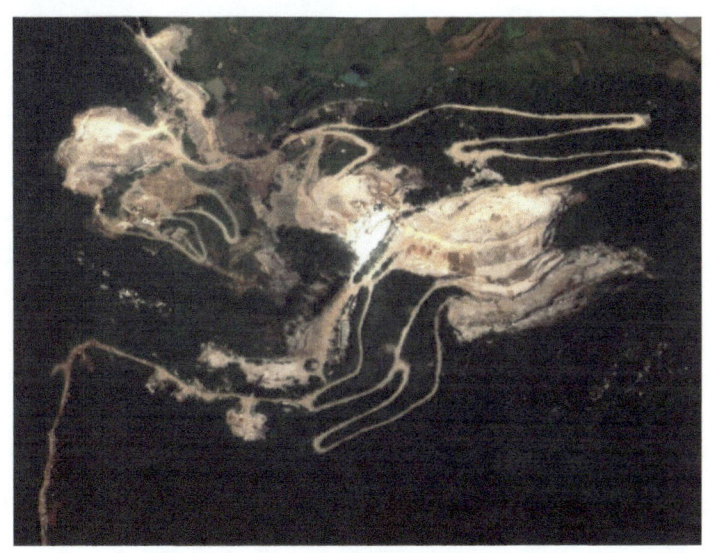

图1-4-10 矿山运输道路与露天开采面

④高分一号光谱曲线形态特征确定矿山开采状态。矿山开采状态是矿山多目标遥感时必须解决的问题,对于不在矿权范围内的图斑的开采状态(正在开采、暂停和废弃)决定该图斑是否需要进入执法阶段,因此在实践中提出了依据开采面特征光谱曲线形态特征确定开采状态的方法。

图1-4-11为高分一号波段321合成的真彩色影像及其光谱曲线图。从影像上定性分析认为:正在开采的石灰岩采场颜色为黄—黄褐色色调,停止开采的矿山则为暗灰—灰黑色色调,可以定性确定其开采状态;定量光谱曲线则表明两者的主要差别在红波段,可采用计算机定量阈值法快速确定其开采状态。

2)建立各类矿山开发解译标志

(1)"以采代探"解译标志。探矿权内有明显的采矿活动。矿山活动痕迹强度、范围大于探矿工程量所能产生的痕迹。露天开采矿种表现为含矿地层探矿权内有较大的采面,新鲜采

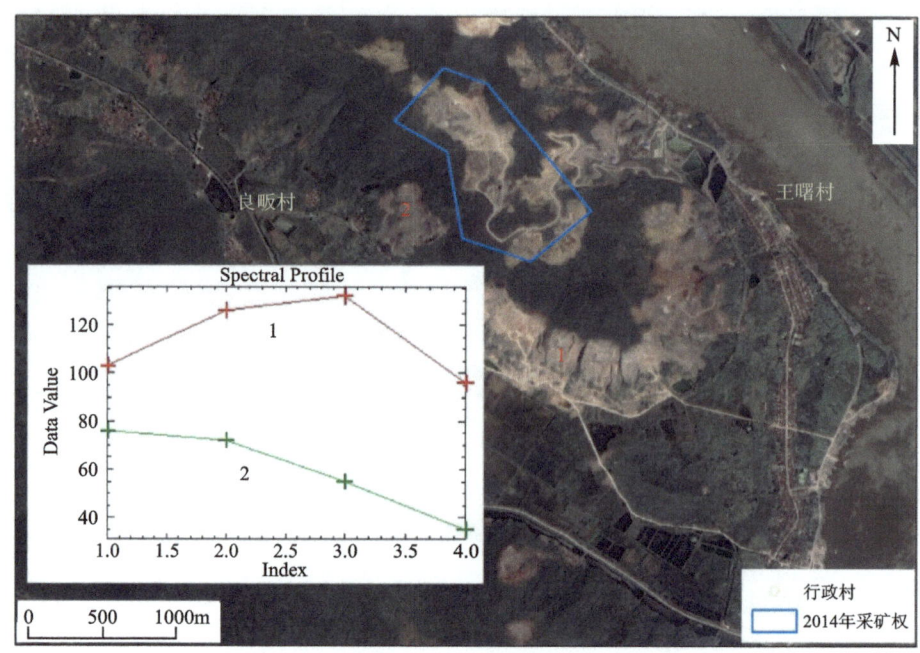

图 1-4-11 高分一号波段 321 合成的真彩色影像及其光谱曲线图

面在真彩色影像上表现为亮白色。在高分辨率图像上,采面及其附近作业的机器、车辆等都清晰可见。地下开采矿种表现为在含矿地层内,探矿权内堆放有大量固体废弃物,废弃物周围有矿山建筑,矿山建筑附近一般为硐口所处位置。矿山地下开采点规模受地形条件、遥感图像分辨率限制时,固体废弃物分布及其变化、矿山建筑的位置对坑道开采点位置和开采状态有良好的指示作用。一般来说,由于植被发育或地形强烈切割等原因,平硐口或井口常常很隐蔽,平硐井口位置的直接确定与监测有一定的难度,但每个以地下开采方式正在开采的矿山必有开采平硐井口。平硐井口附近一定有相关固体废弃物井口紧靠在矿山建筑旁。因此可以借助固体废弃物的堆放情况和矿山建筑的空间位置判断地下开采的平硐井口位置。

图 1-4-12 为磷矿以采代探遥感调查图,该磷矿开采点位于一磷矿探矿权内,而该探矿权标注的探矿工作量为:①机械岩芯钻探为 4858m;②坑探为 1600m;③槽探为 1000m^3;④1:5000 地形图测绘为 5.0km^2;⑤1:5000 地质填图为 5.0km^2;⑥1:5000 水、工、环地质图为 5.0km^2;⑦1:5000 地形图修测为 13.92km^2;⑧1:5000 水、工、环地质图修测为 19.92km^2。

根据探矿工作量的信息可知,能产生废渣的仅 1.6km 的坑探,而在影像上可以见到大量固体废弃物。由此可判断该处并非探矿工程活动,而是在进行以采代探。

(2)无证开采解译标志。山区无证开采主要为露天采石场。露天开采导致原始地貌改变极大。在真彩色遥感影像上,新鲜采面与周边山区覆盖茂密植被的色调、纹理差异显著。露天开采面由于采矿活动导致植被被剥离,因而呈亮白色,采场周围植被呈深绿色。此外,影像上常可见与采面相连的连通性较差的"盲肠路""断头路"。在高分辨率影像上,采场及"盲肠路""断头路"上能够清晰地看到正在作业的挖掘机和运输车辆,说明该处开采状态为正在开采。如图 1-4-13 所示,该点位于古元古代花岗岩体内,主要产饰面用花岗岩矿,该处采矿活动未在矿权内,因而可判定为花岗岩无证开采。

图 1-4-12　宜昌市夷陵区宜昌磷矿挑水河矿区详查内"以采代探"

图 1-4-13　花岗岩无证开采遥感调查图

图 1-4-14 为咸宁市通山县大理石无证开采现象。由 2011 年 SPOT-5 影像中可以观察到两个开采面均位于道路的尽头,在遥感影像上常见的连通性差的"盲肠路""断头路",其终点一般都是采矿活动强烈地区的采场或者地下采矿洞口的位置。由 2010 年和 2011 年两年影像对比可以发现,左边的开采面在 2010 年影像上植被覆盖很好,未见开采痕迹,但清晰可见正在修建的矿山道路及因修建矿山道路产生的固体废弃物沿山坡堆积,呈条状分布。右边的开采面在 2010 年影像上开采面积较小,2011 年开采面面积变大。由两年开采面的动态变化可判断,这两个开采面均为正在活动的开采面。实地野外验证发现正在进行无证开采。

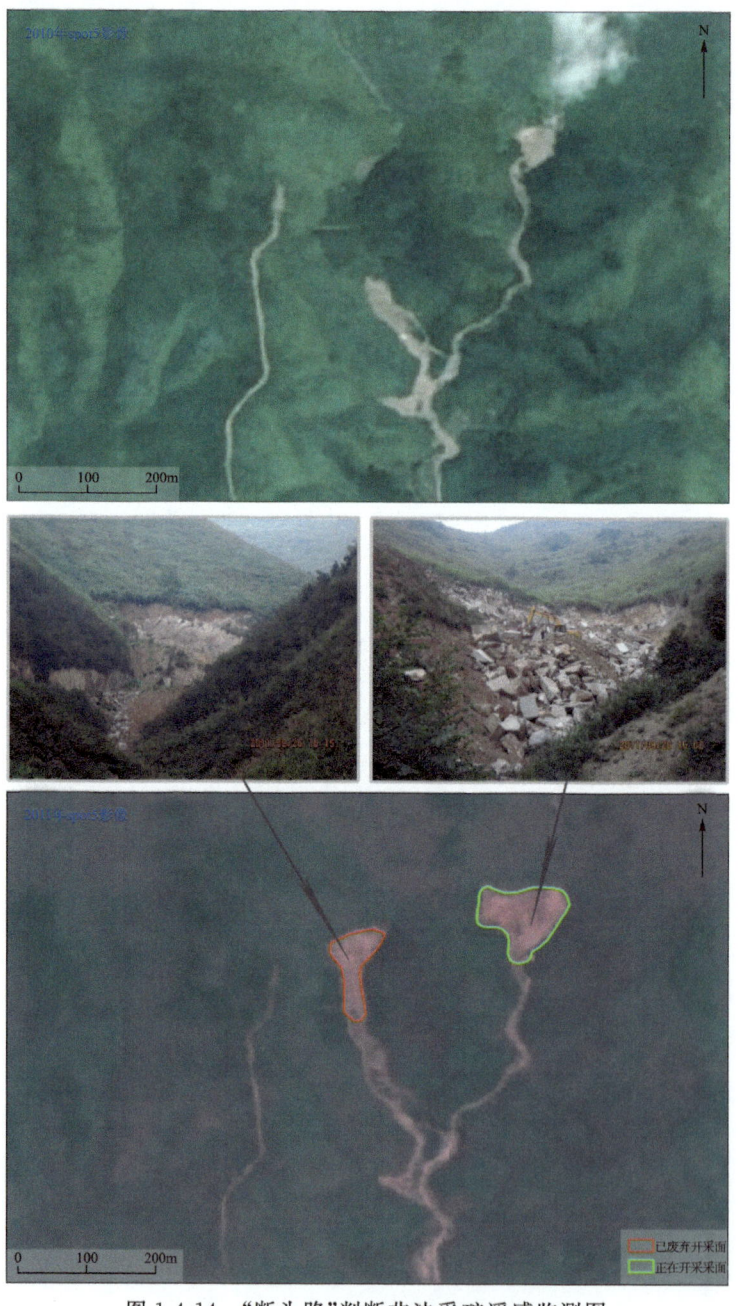

图 1-4-14 "断头路"判断非法采矿遥感监测图

（3）砖瓦用黏土解译标志。鄂东南平原地区第四纪地层区分布有大量无证开采砖瓦用黏土的砖瓦厂。对于砖瓦用黏土无证开采，基于多年矿山多目标遥感调查实践，提出了"三位一体"的识别模式。所谓"三位一体"指的是在遥感影像上取土场地（含黏土与煤的混合场地）、砖坯堆积场地和焙烧用窑三者完全具备，就可以判断其为一个正在使用的砖瓦窑厂。当三要素缺一个要素时就判断其为停止使用或者废弃的砖瓦厂。如图1-4-15所示，从高分辨率的Pleiades影像上可见纹理结构清晰的砖瓦厂，其中有矩形状的烧砖窑（烧砖窑顶部可见烟囱）、呈黑色条状纹理的砖坯堆积场（有砖坯堆积的地方呈规则条状分布，由于砖坯表层被黑色的尼龙塑料盖住，在真彩色影像上呈黑色，没有砖坯堆放的地方表面呈灰白色）和不规则的活动与废弃取土场地，活动采面呈亮白色，废弃采面表层经过风化呈灰黑色，可与新鲜取土面明显区分开。

图1-4-15　砖瓦用黏土"三位一体"解译标志

(4)多期影像对比变化监测。矿产卫片执法工作中,有多期不同分辨率类型数据可以进行解译分析,例如 2012 年卫片执法工作中,可以利用的数据有 2012 年、2011 年、2010 年 3 年的土地利用变更调查数据以及 2011 年、2012 年湖北省重点矿集区矿山开发遥感调查影像。利用多期影像数据进行对比分析就不难判断影像上的地物类型和矿山的开采状态。图 1-4-16 为阳新县一处疑似无证石材开采 3 年遥感影像对比图。经过多期影像对比,进行变化检测,确定它为石材无证开采。

图 1-4-16 "变化监测"判断石材矿无证开采

(5)相似类比法确定开采矿种。图 1-4-17 为程潮-铁山铁铜多金属矿集区内的两个开采矿点,其中南面矿山为"湖北省黄石市严家湾金矿",北面矿山为无证开采,根据两者开采废弃物的光谱特征,确定无证开采者开采的矿种是金矿,并得到野外验证。

图 1-4-17 程潮-铁山铁铜多金属矿集区金矿无证开采

（6）矿山环境恢复治理的调查与监测方法。矿山环境恢复治理对于山体边坡进行复绿治理主要采用挂网客土喷播、普通喷播、爆穴围堰鱼鳞坑绿化种植、坡脚绿化种植等施工工艺，让裸露的岩石边坡重新变成绿意盎然的青山。因此，"矿山复绿"工程中可见众多的人类改造痕迹，如规则的线状护坡工程、行列排列整齐的植被修复工程。人工林与自然林在纹理上、覆盖度上差别大，光谱的混合上也有差异（图1-4-18）。

图1-4-18　排土场绿化遥感影像特征

（三）实地调查

野外调查与验证的目的主要是对室内解译信息的可靠度进行验证。野外调查与验证的内容主要包括开采点的位置、数量、开采矿种、开采方式、开采秩序情况；检查有疑问的图斑，补充遗漏信息，修改错误信息；了解区内矿产资源开发种类、数量、规模、位置等的实际情况。野外调查期间必须按规定填写野外调查表，记录野外调查点及调查路线等信息，编制野外记录表、野外工作小结、实际材料图。

1）图斑核查

核查室内遥感解译有疑问的图斑信息，验证信息的可靠性，野外实地调查图斑量不小于解译图斑总量的10%。除影像上矿山开采行迹清楚的图斑外，涉及的能源类、金属类矿产疑似违法图斑100%进行野外检查，大于1hm（$1hm^2=0.01km^2$）的非金属矿矿产疑似违法图斑100%进行野外检查。

2）滑坡调查

调查矿业活动引发滑坡时间、地点、规模、人员伤亡和直接经济损失，调查滑坡进一步发展的影响范围、威胁人员、财产等，查明滑坡体物质组成（废石、废渣、尾矿、岩体等）、面积、引发企业名称；注意查明滑坡的发生与地层结构、岩性、断裂构造（岩体滑坡尤为重要）、地貌及其演变、水文地质条件、地震和人为活动因素的关系，找出引起滑坡或滑坡复活的主导因素；调查滑坡体上各种裂缝的分布特征、发生的先后顺序、切割和组合关系，分清裂缝的力学属性，分析滑坡的形成机制；通过裂缝的调查，分析判断滑动面的深度和倾角大小；调查滑动体上或其邻近的建筑物、构筑物(包括支挡和排水构筑物)的裂缝；调查滑带水和地下水情况、泉水出露地点及流量、地表水自然排泄沟渠的分布和断面。

3)泥石流调查

调查主要包括泥石流的形成区、流通区、堆积区。调查下列内容：泥石流发生的时间、地点、规模、人员伤亡,经济损失；泥石流形成区、流通区及堆积区；触发水动力因素。泥石流物源类型(采矿废渣、尾矿渣、残破积物、崩塌滑坡体)、数量、位置、形态、规模、颗粒粒径、稳定性及占据行洪通道程度等。泥石流沟谷形态、汇水面积、沟谷纵坡降比、山坡坡度、残坡积厚度、植被类型及覆盖度。泥石流威胁范围内的建筑物、矿山设施、人员、农田等。泥石流及其隐患的防治措施、成效及存在的问题。

4)不稳定边坡调查

调查的内容包括：构成斜坡的矿山地物类型(排土场、废石堆、尾矿渣等)、厚度、坡度、坡向和坡高。不稳定斜坡与建筑物的平面关系(如房屋与高陡边坡的距离)。调查斜坡周围,特别是斜坡上部暴雨、地表水渗入或地下水对斜坡稳定的影响、人为工程活动对斜坡的破坏情况等。对可能构成崩塌、滑坡的结构面的边界条件、坡体异常情况等进行调查分析,以此判断斜坡发生崩塌、滑坡、泥石流等地质灾害的危险性及可能的影响范围。

5)地形地貌景观破坏调查

露天采场、矿山固体废弃物(废石堆、尾矿渣等)、地面塌陷等造成地形地貌改变的地点、方式和范围。地形地貌景观破坏与城市、自然保护区、地质遗迹、人文景观及主要交通干线之间的距离等情况。地形地貌景观恢复治理的措施、成效及存在的问题。

6)土地压占与破坏调查

按矿山地物分类解译,查明矿山地物分布位置、分布面积等及其压占或损毁的土地类型和面积,分析其对地表景观、地质遗迹、人文景观等的影响或破坏情况。

7)矿山环境污染调查

主要调查矿山开采引发的粉尘污染、水体污染,圈定污染范围、污染对象、污染源、污染类型,收集监测区已有水体污染测试资料,掌握污染物类、含量、可能的污染方式、污染危害程度和影响范围。

8)矿山环境恢复治理调查

恢复治理包括采坑恢复治理、中转场地恢复治理、固体废弃物恢复治理、矿山建筑恢复治理、塌陷坑恢复治理、连带工程治理、恢复后土地类型及恢复效果等。

第二章　矿产资源开发状况遥感调查与监测

湖北省矿产资源分布的地域差异性明显。湖北省重点优势矿种为鄂东南铁铜多金属矿、鄂西磷矿和煤矿。其中湖北省磷矿储量 3.37 亿 t，远景储量达 10 亿 t，富矿率居全国前列，素有中部磷都之称。而东部地区重点优势矿种为铜矿、铁矿与花岗岩。东部全国重点矿区有鄂东南铁铜多金属矿集区、鄂东长江沿岸非金属矿集区等。

矿产资源开发状况遥感调查与监测主要运用的技术方法有以下几点。

(1) 充分熟悉和掌握工作区的地质成矿背景条件，把握工作区矿产资源类型、规模以及空间分布，结合成矿地质背景，针对不同的矿种、不同的开采方式，查明不同矿产资源的含矿层位、岩体及构造的空间分布规律，针对性地在特定区域开展不同矿种的信息提取工作。

(2) 结合采矿权和探矿权数据，掌握工作区矿产资源开发现状，分清不同矿种的主要开采方式，掌握不同开采方式矿山的主要空间分布特征，比较有针对性地开展矿业活动图斑的解译。

(3) 充分利用多期遥感影像进行对比分析，建立不同分辨率遥感影像的解译标志，认识不同分辨率遥感影像的解译精度，提取新增和变化的矿业活动图斑，进一步确定矿山的开采状态。

(4) 采用已知—未知的工作方式，结合遥感影像特征，利用成矿地质背景条件和矿权数据库，推断矿业活动图斑的空间位置，根据已知的各种条件（含矿层位、岩体、构造、矿权数据），确定矿业活动图斑开采的主要矿种、开采方式、开采面及硐口的空间位置、开采状态，进一步确定开采类型，结合野外验证结果，最终圈定矿山开采图斑的属性和状态。

第一节　矿产资源开发现状

一、矿权分布情况

基于项目共收集到 2015—2018 年湖北省部、省、市、县四级采矿权、探矿权数据（未过期有效矿权数据）。采矿权方面，2015 年 2514 处、2016 年 2092 处、2017 年 1824 处、2018 年 1528 处；探矿权方面，2015 年 316 处、2016 年 313 处、2017 年 279 处、2018 年 167 处。采矿权、探矿权数量均逐年减少，其中 2018 年减少幅度较大。受经济下行的影响与国家对铁矿、煤矿去产能,煤矿安全、环保方面的要求,煤矿矿山关停幅度较大,许多煤矿矿权过期后没有续期。此外部分环境问题严重、开采秩序混乱和国家战略保护储备型矿山也相继关停,与习近平总书记"共抓大保护,不搞大开发"讲话和精神相符合,与当前大力发展生态文明建设的政策相符合。

2016年8月3日,湖北省人民政府办公厅印发《湖北省钢铁和煤炭行业化解过剩产能实施方案的通知》,根据《国务院关于钢铁行业化解过剩产能实现脱困发展的意见》(国发〔2016〕6号)精神,结合湖北省实际,制定《湖北省钢铁行业化解过剩产能实施方案》和《湖北省煤炭行业化解过剩产能实施方案》。

《湖北省钢铁行业化解过剩产能实施方案》指出:围绕推动钢铁行业供给侧结构性改革这条主线,坚持市场倒逼、企业主体,地方组织、中央支持,突出重点、依法依规的基本原则,综合运用市场机制、经济手段和法治办法,因地制宜、分类施策,在全部淘汰落后产能的基础上,从2016年开始,用三年时间压减粗钢产能299万t(不包括武钢在鄂企业压减产能),其中2016年压减228万t,使产能利用率达到合理水平,企业经济效益明显好转,产品质量和高端产品供给能力显著提升。

《湖北省煤炭行业化解过剩产能实施方案》指出:从2016年开始,加大化解过剩产能力度,煤炭生产企业三年内全部关闭;全面推进湖北长江经济带、汉江生态经济带流域开发利用规划环境评价;开展工业园区环境综合整治;严格长江流域磷化工产业环境准入和管理;探索建立跨界断面水环境质量生态补偿机制。其中,2016年压减产能400万t;2017年压减产能200万t;2018年压减产能200万t。

2015—2018年湖北省地区有效采矿权、探矿权分布情况如表2-1-1、表2-1-2和图2-1-1、图2-1-2所示。

根据湖北省2018年采探矿权分布图分析,湖北省采探矿权主要集中在以下区域:鄂东南铁铜多金属矿集区,主要涉及县级行政区有鄂州市鄂城区、黄石市大冶市、阳新县;鄂东长江沿岸非金属矿集区,主要涉及县级行政区有黄冈市武穴市、黄石市阳新县;鄂西煤矿区,主要涉及县级行政区有荆门市东宝区、宜昌市当阳市、远安县;鄂西南煤矿区,主要涉及县级行政区有恩施土家族苗族自治州建始县、利川县、咸丰县、巴东县;宜昌磷矿区,主要涉及县级行政区有宜昌市夷陵区、远安县、兴山县;保康磷矿区,主要涉及县级行政区有襄阳市保康县、省管神农架林区;荆襄磷矿区,主要涉及县级行政区有襄阳市宜城市、荆门市钟祥市。

(1)采矿权方面。根据采矿矿种类型划分,湖北省每年建材及其他非金属矿权数量最多,均超过采矿权总数的65%。首先是灰岩、白云岩、花岗岩类矿权数量在建材及其他非金属矿矿权中比例较高。非金属矿权数量自2018—2015年逐年小幅递减。非金属石材矿的矿权审批权在县一级行政单位,往年有多处县(市)对于石材矿权的设置十分不合理,例如十堰市郧县和恩施土家族苗族自治州利川市内石材矿权数量过多,并伴有私采滥挖的现象。随着国家对矿权审批管理和监督的日益完善,县级建材石材类矿权的设置也趋于合理。此外,随着环境治理和复绿工程的需要,在公路和铁路沿线、禁止开采区、风景名胜区、生态红线范围内等地关停或退出部分露天开采的石材矿权,因此湖北省石材建材非金属矿权数量每年在递减。其次为化工原料非金属矿采矿权,主要为磷矿,磷矿为湖北省优势矿种,2015—2018年数量分别为209个、208个、181个、152个,数量逐年递减,递减的幅度较小,每年占全省采矿权总数

10%左右,基本为磷矿,主要位于宜昌、荆门、襄阳三市。

2018年4月26日,习近平总书记在武汉主持召开深入推动长江经济带发展座谈会并发表重要讲话,强调生态环境形势依然严峻。

表 2-1-1 湖北省 2015—2018 年采矿权统计表　　　　　　　　　　单位:处

采矿权类型	2015 年	2016 年	2017 年	2018 年
能源矿产	298	205	183	94
黑色金属矿产	81	78	64	54
有色金属矿产	54	57	49	40
贵重金属矿产	19	19	18	12
稀有稀土分散元素金属矿产	0	2	0	0
冶金辅助原料非金属矿产	39	35	36	29
化工原料非金属矿产	209	208	181	152
特种非金属矿产	97	90	89	72
建材及其他非金属矿产	1712	1392	1197	1070
水气矿产	5	6	7	5
总计	2514	2092	1824	1528

表 2-1-2 湖北省 2015—2018 年探矿权统计表　　　　　　　　　　单位:处

探矿权类型	2015 年	2016 年	2017 年	2018 年
能源矿产	28	28	29	16
黑色金属矿产	63	69	56	35
有色金属矿产	72	85	75	39
贵重金属矿产	54	57	48	30
稀有稀土分散元素金属矿产	3	3	3	0
冶金辅助原料非金属矿产	6	3	4	3
化工原料非金属矿产	64	52	43	30
特种非金属矿产	0	0	0	0
建材及其他非金属矿产	26	16	21	14
水气矿产	0	0	0	0
总计	316	313	279	167

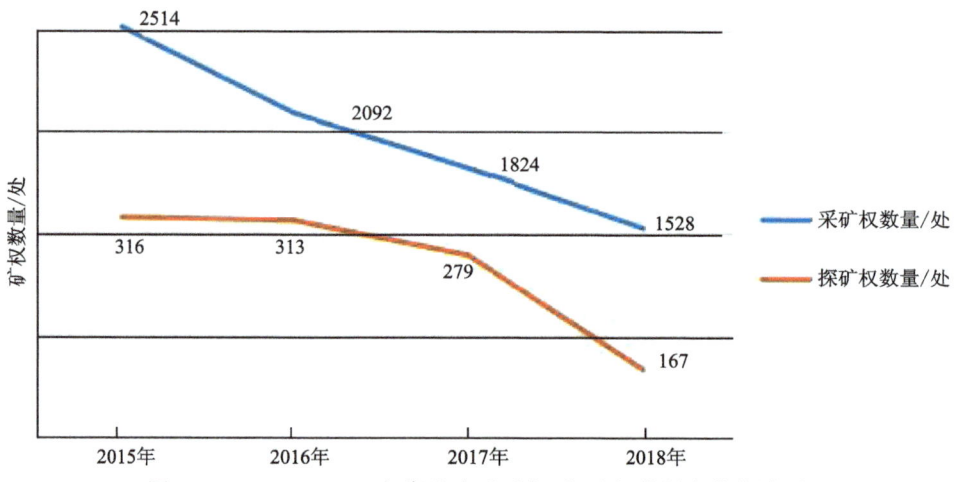

图 2-1-1 2015—2018 年湖北省采矿权、探矿权数量变化统计图

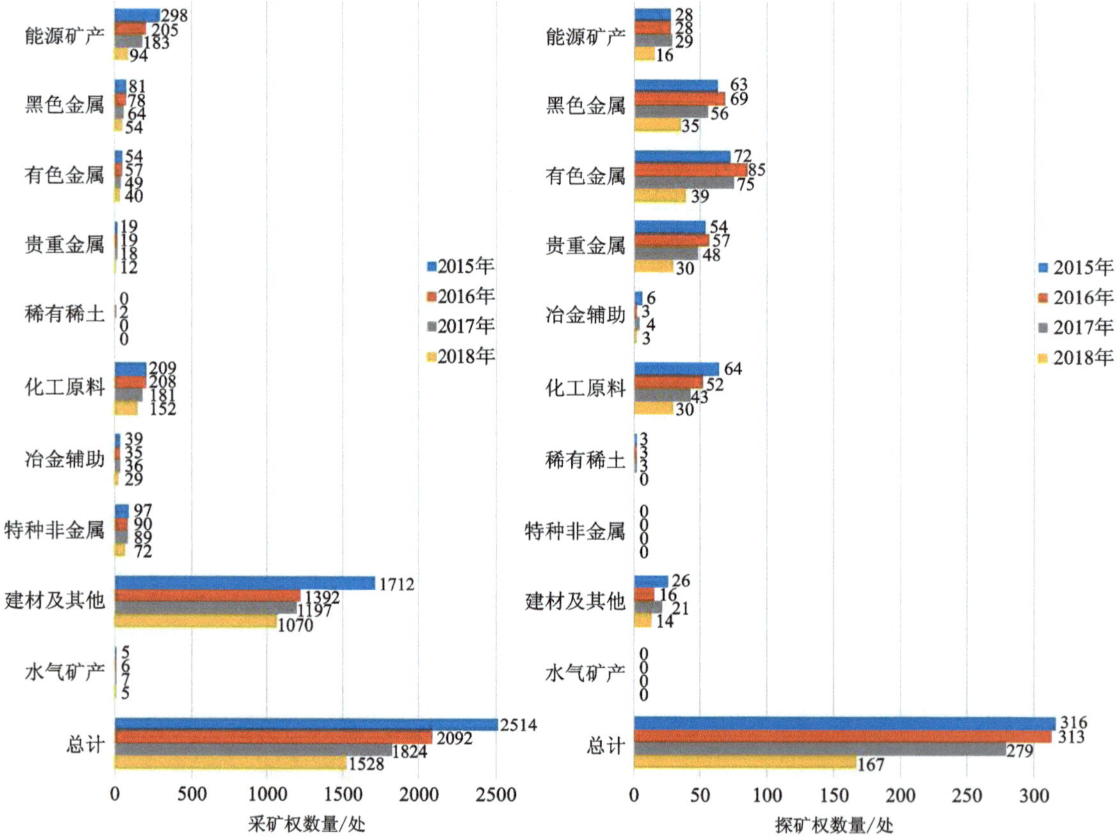

图 2-1-2 2015—2018 年湖北省采矿权（左）、探矿权（右）类型对比图

有媒体多次报道,沿江"化工围江"问题突出,特别是磷化工污染问题,从磷矿开采到磷化工企业加工直至化工废弃物生成,整个产业链条都成为污染长江的隐忧,加之地方政府担心整治力度过大影响财政收入,进而影响民生投入等,一直对化工企业监管有畏难情绪,造成长江支流及干流总磷污染日益严重。2016年以来,湖北省宜昌市意识到"化工围江"对制约城市发展的严重性,下定决心,制订化工污染整治工作方案,一手抓淘汰落后产能和化解化工过剩产能,推进沿江134家化工企业"关、转、搬"。随着部分限制开采区磷矿矿权的合并和整改,多处私营磷矿企业与国有大型磷矿企业资源整合,总体数量逐年减少。

能源矿产采矿权数量减少幅度最大,2015—2018年数量分别为298个、205个、183个、94个,占采矿权总数的比例由2015年的11.9%下降到2018年的6.1%。湖北省能源矿产采矿权基本为煤矿,受到去产能、环保压力的影响,煤矿矿山关停幅度较大。因此煤矿矿权数量也减少较多。

(2)探矿权方面。湖北省每年金属类矿种探矿权数量最多,占比最大的为有色金属,每年约占总探矿权数量的20%。其次为黑色金属、贵重金属。湖北省金属矿产与磷矿多为地下开采,加上其开采选的特殊性,探矿权设置较多。而建材类非金属多为地面开采,且主要为私人开采,不重视探矿,通常是在开采面进行简单的钻探后就继续开采,因此建材及其他非金属矿产的探矿权数量很少,与采矿权数量极不成比例。

整体上,湖北省探矿权呈逐年下降趋势。近年来,经济下行、安全与环保压力加大,地勘资金投入逐年减少,社会与财政勘查项目也逐年减少。随着湖北省生态红线范围划定,全省将进一步清理生态红线内采探矿权。

湖北省2018年采矿权、探矿权分布如图2-1-3所示。

二、矿产资源开发总体情况

利用2017年湖北省土地变更调查遥感数据及重点工作区国产卫星数据对2018年湖北省矿产资源开发状况进行解译和统计,湖北省共解译各类开采图斑4618个。按开采方式分,露天开采图斑3726个,占总开采图斑数的80.7%,开采矿种基本为非金属石材矿;地下开采图斑892个,占总开采图斑数的19.3%,基本为磷矿、煤矿和金属矿开采。按开采状态分,合法开采图斑的1916个,占总开采图斑数的41.5%;关闭或废弃图斑2451个,占总开采图斑数的53.1%;疑似违法开采图斑251个,占总开采图斑数的5.4%(图2-1-4、图2-1-5)。

按照开采矿种来划分,湖北省开采比例最多的是建材及其他非金属类矿产,共3545个,占总开采图斑数的76.8%。其中合法开采图斑1401个,关闭或废弃图斑1903个,疑似违法开采图斑241个。其次为能源类矿产开采图斑,共有329个,主要为煤矿,占总开采图斑数的7.1%。此外化工原料非金属矿产类开采图斑总数为283个,主要为磷矿,占总开采图斑的6.1%。

湖北省矿产资源开发状况详细情况如表2-1-3和图2-1-6、图2-1-7所示。

三、各地矿产资源开发状况

2018年湖北省矿产资源开发图斑共计4618个(表2-1-4,图2-1-8)。按照行政区域划分,宜昌市、恩施土家族苗族自治州、黄石市图斑数量排名前三位,分别为726个、706个、497个。

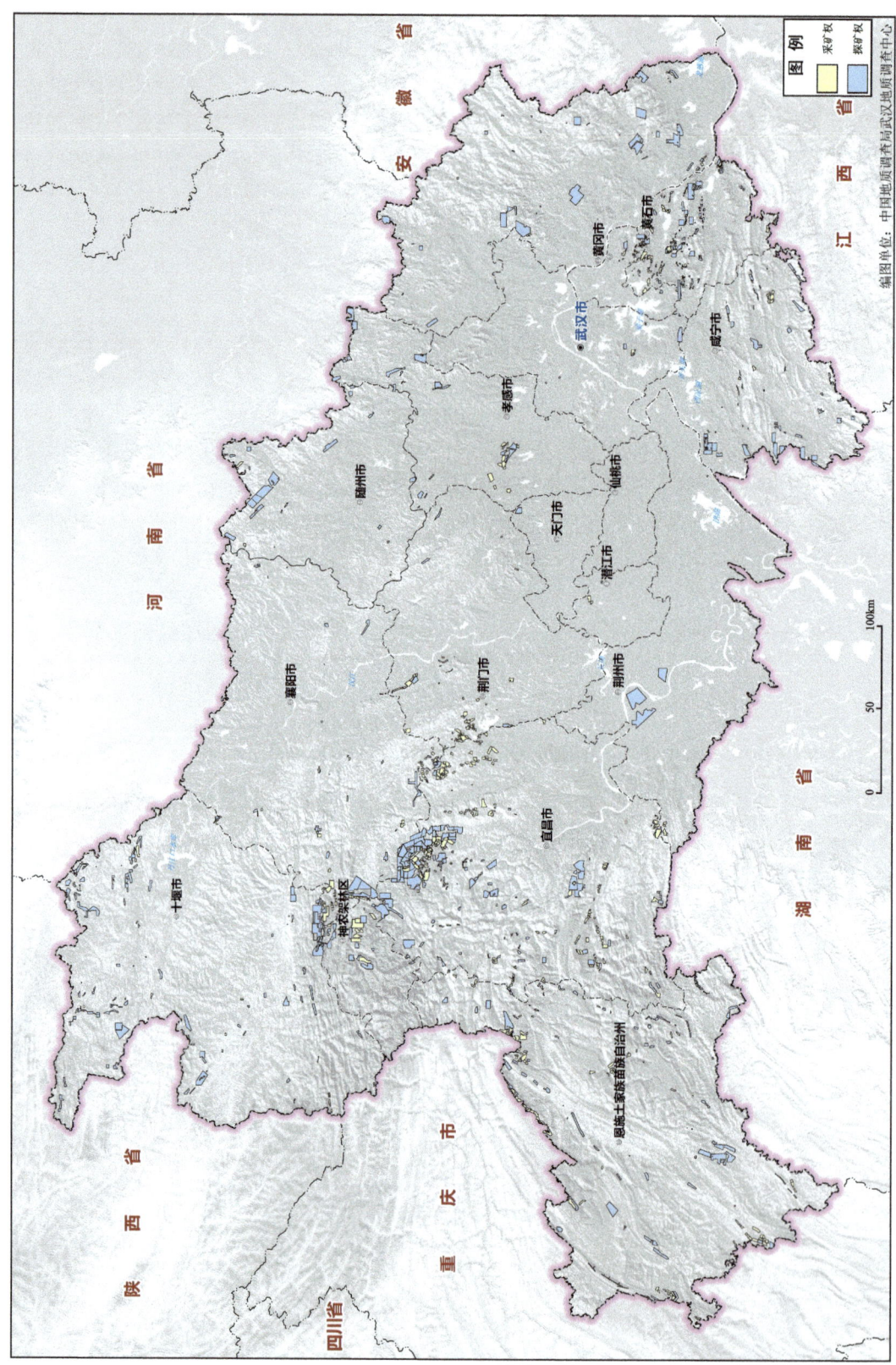

图2-1-3 湖北省采矿权、探矿权分布图

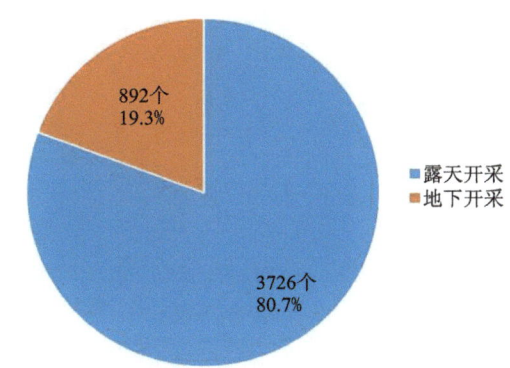

图 2-1-4　2018 年湖北省矿产资源开发现状图（开采方式）

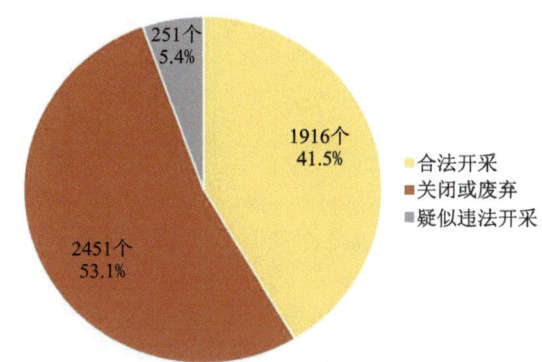

图 2-1-5　2018 年湖北省矿产资源开发现状图（开采状态）

表 2-1-3　2018 年湖北省矿产资源开发状况统计表　　　　　　　　　单位：个

矿产分类/开采状态	合法开采	关闭或废弃	疑似违法	总计
能源矿产	101	228	0	329
黑色金属矿产	74	106	2	182
有色金属矿产	36	36	4	76
贵重金属矿产	13	10	0	23
稀有稀土分散元素金属矿产	1	0	0	1
冶金辅助原料非金属矿产	20	22	0	42
化工原料非金属矿产	167	114	2	283
特种非金属矿产	103	31	2	136
建材及其他非金属矿产	1401	1903	241	3545
水气矿产	0	1	0	1
总计	1916	2451	251	4618

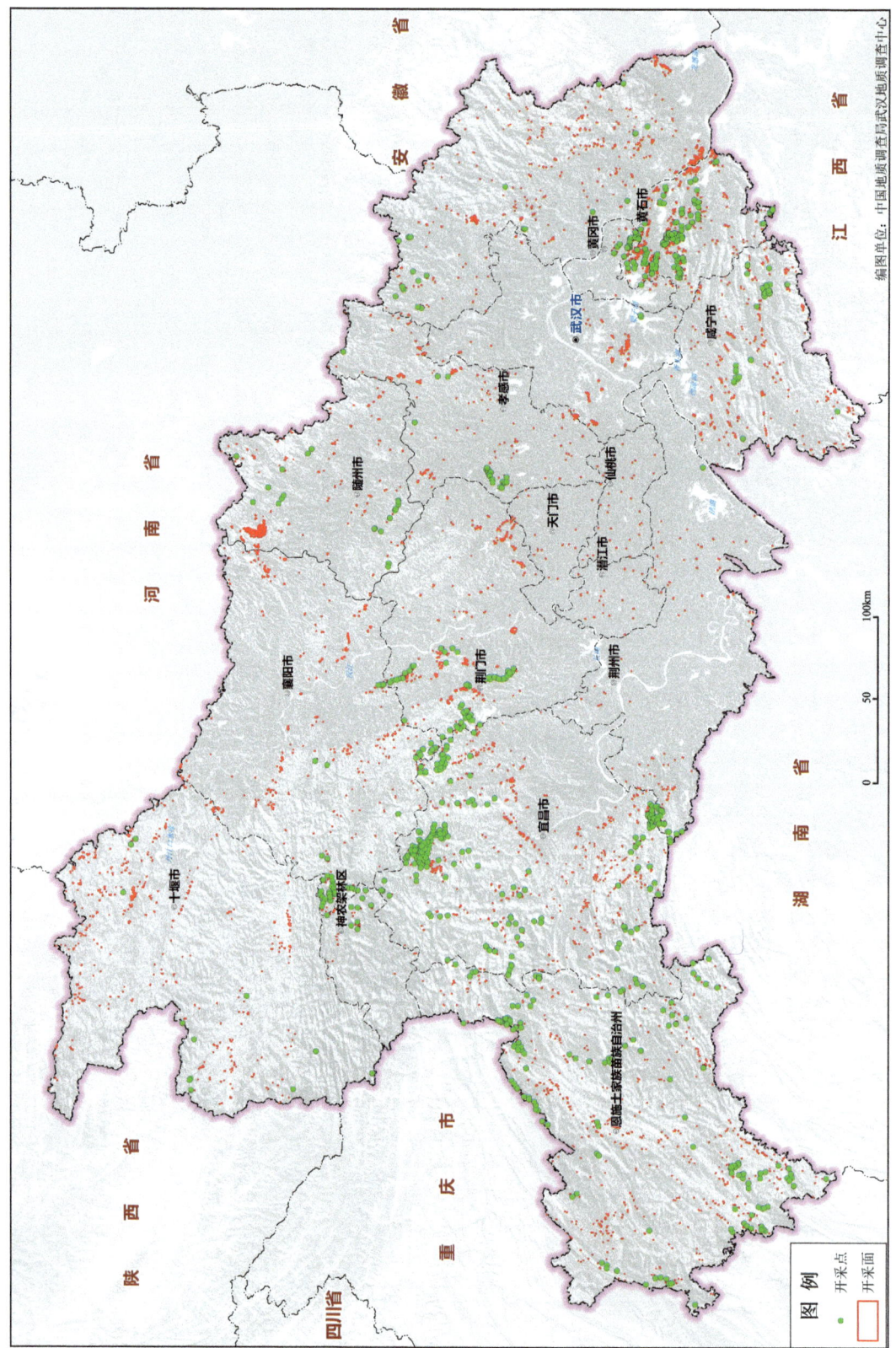

图2-1-6　2018年湖北省开采点开采面分布图

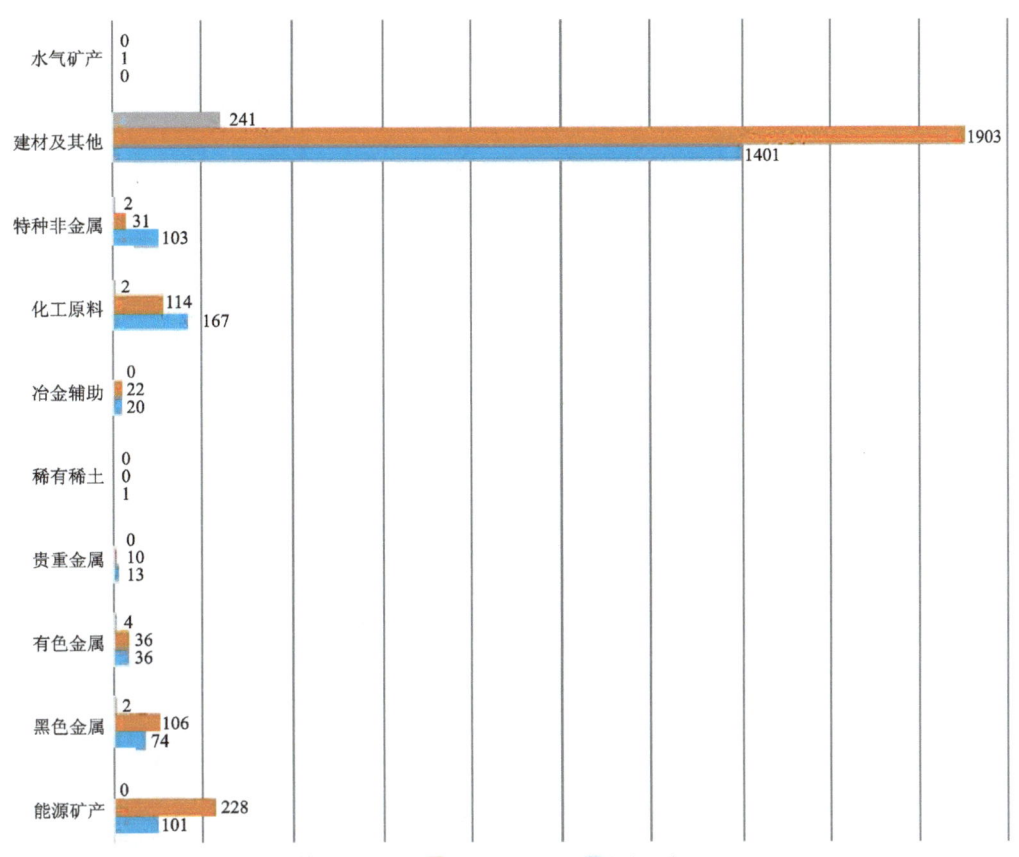

图 2-1-7　2018 年湖北省矿产资源开发状况对比图

表 2-1-4　2018 年湖北省各行政区域矿产资源开发统计表　　　　　　　单位：个

行政区	合法开采	废弃或关闭	疑似违法开采	总计
武汉市	5	33		38
黄石市	121	354	22	497
十堰市	139	260	17	416
宜昌市	366	315	45	726
襄阳市	218	136	27	381
鄂州市	25	44		69
荆门市	151	151	11	313
孝感市	50	106	24	180
荆州市	45	78	8	131
黄冈市	168	258	27	453
咸宁市	178	159	19	356

续表 2-1-4

行政区	合法开采	废弃或关闭	疑似违法开采	总计
随州市	196	51	9	256
恩施土家族苗族自治州	270	397	39	706
仙桃市		37		37
潜江市		20		20
天门市	2	13	3	18
神农架林区	9	12		21
总计	1943	2424	251	4618

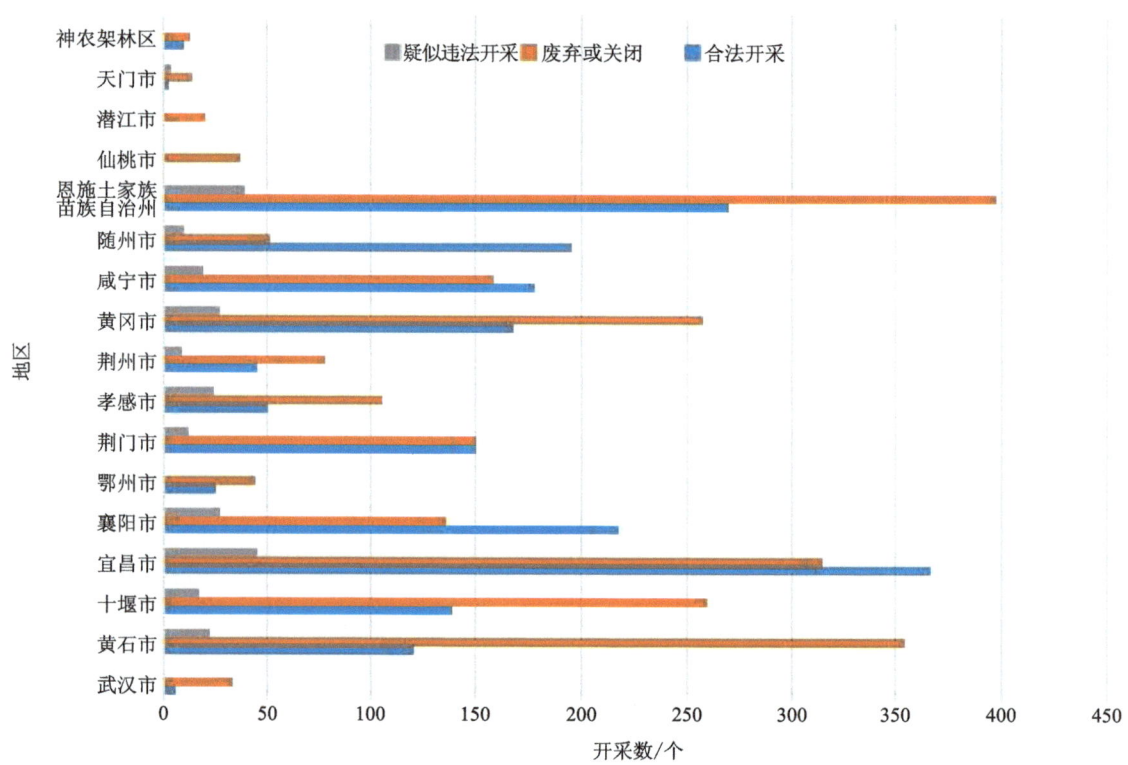

图 2-1-8　2018 年湖北省各行政区矿产资源开发统计图

1. 武汉市

截至 2018 年底，武汉市矿产资源开采图斑共 38 个，其中合法开采图斑共 5 个，关闭或废弃开采图斑 33 个，无疑似违法开采图斑。武汉市为湖北省省会，长江经济带中游城市群核心，生态保护力度较大。除蔡甸区、江夏区、黄陂区有零星开采活动以外，其他区基本无开采活动（表 2-1-5）。

表 2-1-5　武汉市各行政区域矿产资源开发统计表　　　　　　　　　　单位:个

行政区	合法开采	废弃或关闭	疑似违法开采	总计
江岸区				
江汉区				
硚口区				
汉阳区				
武昌区				
青山区				
洪山区				
东西湖区				
汉南区				
蔡甸区		5		5
江夏区	5	17		22
黄陂区		11		11
新洲区				
总计	5	33		38

2. 黄石市

截至 2018 年底,黄石市矿产资源开采图斑共 497 个,其中合法开采图斑共 121 个,关闭或废弃开采图斑 354 个,疑似违法开采图斑 22 个。黄石市区域内矿产活动历史悠久,大冶铁矿有 1700 余年开采历史。但随着矿产资源的消耗,2009 年黄石市被定为我国第一批资源枯竭型城市。近年来黄石市谋求转型发展,矿产开发活动已逐年降低(表 2-1-6)。

表 2-1-6　黄石市各行政区域矿产资源开发统计表　　　　　　　　　　单位:个

县(市、区)	合法开采	废弃或关闭	疑似违法开采	总计
黄石港区				
西塞山区	5	5		10
下陆区	1	8		9
铁山区	5	20		25
阳新县	29	157	7	193
大冶市	81	164	15	260
总计	121	354	22	497

3. 十堰市

截至 2018 年底,十堰市各类矿产资源开采图斑共 416 个,其中合法开采图斑共 139 个,关闭或废弃开采图斑 260 个,疑似违法开采图斑 17 个。十堰市矿产资源优势矿种为铁矿和大理石矿。下属 8 个县级行政单元开发利用现状各不相同,其中郧县开发强度最大,共 147 个开采图斑,27 个合法开采,115 个关闭或废弃,5 个疑似违法开采图斑。张湾区和茅箭区为十堰市市区,基本没有矿产资源开发现象。具体情况见表 2-1-7。

表 2-1-7　十堰市各行政区域矿产资源开发统计表　　　　　　　　单位:个

县(市、区)	合法开采	废弃或关闭	疑似违法开采	总计
茅箭区	1	5		6
张湾区	2	4		6
郧县	27	115	5	147
郧西县	10	44	1	55
竹山县	22	18	8	48
竹溪县	17	10	2	29
房县	14	33	1	48
丹江口市	46	31		77
总计	139	260	17	416

4. 宜昌市

截至 2018 年底,宜昌市各类矿产资源开采图斑共 726 个,居湖北省各地级市第一位,矿产资源开发强度大,是湖北省的矿业大市。其中合法开采图斑共 366 个,关闭或废弃开采图斑 315 个,疑似违法开采图斑 45 个,疑似违法图斑数量也为湖北省第一位。宜昌市优势矿种为磷矿和煤矿,磷矿分布在夷陵区、远安县和兴山县,煤矿分布在长阳土家族自治县、五峰土家族自治县和当阳市。下属 13 个县级行政单元开发利用现状各不相同,夷陵区和长阳县开发强度最大,其中夷陵区共 152 个开采图斑,长阳土家族自治县 143 个开采图斑(表 2-1-8)。

表 2-1-8　宜昌市各行政区域矿产资源开发统计表　　　　　　　　单位:个

县(市、区)	合法开采	废弃或关闭	疑似违法开采	总计
西陵区		2		2
伍家岗区				
点军区	3	5		8
猇亭区				
夷陵区	77	64	11	152
远安县	58	29	3	90

续表 2-1-8

县（市、区）	合法开采	废弃或关闭	疑似违法开采	总计
兴山县	37	29		66
秭归县	22	32	3	57
长阳土家族自治县	50	85	8	143
五峰土家族自治县	31	26	5	62
宜都市	59	26	12	97
当阳市	29	17	3	49
枝江市				
总计	366	315	45	726

5. 襄阳市

截至 2018 年底，襄阳市各类矿产资源开采图斑共 381 个，其中合法开采图斑共 218 个，关闭或废弃开采图斑 136 个，疑似违法开采图斑 27 个。襄阳市地处南阳平原，多地矿产资源开发程度较小，矿产资源优势矿种为磷矿，除 1 个分布在南漳县外，其余全部分布在保康县，保康县有"中国磷矿之都"美誉。下属 9 个县级行政单元开发利用现状各不相同，南漳县、枣阳市、保康县开发强度相对较大，南漳县共 88 个开采图斑，枣阳市共 62 个开采图斑，保康县共 60 个开采图斑（表 2-1-9）。

表 2-1-9 襄阳市各行政区域矿产资源开发统计表　　　　　　　　　　　单位：个

县（市、区）	合法开采	废弃或关闭	疑似违法开采	总计
襄城区		13		13
樊城区				
襄阳区	5	2	3	10
南漳县	45	38	5	88
谷城县	43	24	4	71
保康县	47	10	3	60
老河口市	8	5	6	19
枣阳市	29	32	1	62
宜城市	41	12	5	58
总计	218	136	27	381

6. 鄂州市

截至 2018 年底，鄂州各类矿产资源开采图斑共 69 个，其中合法开采图斑共 25 个，关闭或废弃开采图斑44个,无疑似违法开采图斑。鄂州市位于鄂东南铜铁多金属矿集区,面积仅有1504km²,但矿产资源丰富,优势矿种为铜矿、铁矿。鄂城区开采活动最为强烈,有59个开采图斑。梁子湖区近年来严抓生态保护,区内开采点基本已废弃(表2-1-10)。

表2-1-10　鄂州市各行政区域矿产资源开发统计表　　　　　　　　单位:个

行政区	合法开采	废弃或关闭	疑似违法开采	总计
梁子湖区		10		10
华容区				
鄂城区	25	34		59
总计	25	44		69

7. 荆门市

截至2018年底,荆门市各类矿产资源开采图斑共313个,其中合法开采图斑与关闭或废弃开采图斑均为151个,疑似违法开采图斑11个。该市矿产资源优势矿种为磷矿和石膏矿,其中磷矿全部在钟祥市,石膏矿在东宝区。下属5个县级行政单元开发利用现状各不相同,其中钟祥市开发强度最大,共106个开采图斑;其次为京山县,共103个开采图斑。钟祥市胡集镇是湖北省乃至全国重要的磷矿生产基地,荆襄磷矿区也是全国163重点矿集区之一(表2-1-11)。

表2-1-11　荆门市各行政区域矿产资源开发统计表　　　　　　　　单位:个

行政区	合法开采	废弃或关闭	疑似违法开采	总计
东宝区	36	25	7	68
掇刀区	16	3	2	21
京山县	38	65		103
沙洋县	8	7		15
钟祥市	53	51	2	106
总计	151	151	11	313

8. 孝感市

截至2018年底,孝感市各类矿产资源开采图斑共180个,其中合法开采图斑共50个,关闭或废弃开采图斑106个,疑似违法开采图斑24个。孝感市各行政单元矿产开发强度均不大,且较为平均,开采图斑数量最多的为大悟县,共计43个。2017年孝感市人民政府要求关闭所有不符合规定的石材开采矿山,所以废弃开采图斑数量较多(表2-1-12)。

孝昌县属于国家重点生态功能区和武汉城市圈两型社会建设试验区,要求实现绿色发展、可持续发展。截至2013年底,孝昌县有15家碎石厂,从业人员1000余人,年产量约2100万t,总投资3亿多元,年产量600多万吨,产值2亿元,交纳税费近2000万元。孝昌县

表 2-1-12 孝感市各行政区域矿产资源开发统计表　　　　　　　　　　单位:个

行政区	合法开采	废弃或关闭	疑似违法开采	总计
孝南区		6	5	11
孝昌县	2	25	5	34
大悟县	13	26	4	43
云梦县	1	9		10
应城市	19	15	3	37
安陆市	10	9	2	21
汉川市		19	5	24
总计	45	111	24	180

人民政府根据孝感市人民政府要求于 2014 年 10 月出台《碎石厂关闭工作方案》和相关法律法规;决定从 2014 年开始到 2016 年底分 3 年逐步关闭全县所有碎石厂。截至 2017 年止,孝昌县已全部关停所有石材矿。截至 2018 年,孝昌县所有采石场均已废弃和关闭。图 2-1-9 为孝昌县废弃采石场遥感监测图,从卫星影像中可明显发现,该石材矿集区内所有露天开采面均已废弃,部分采面内可见积水。

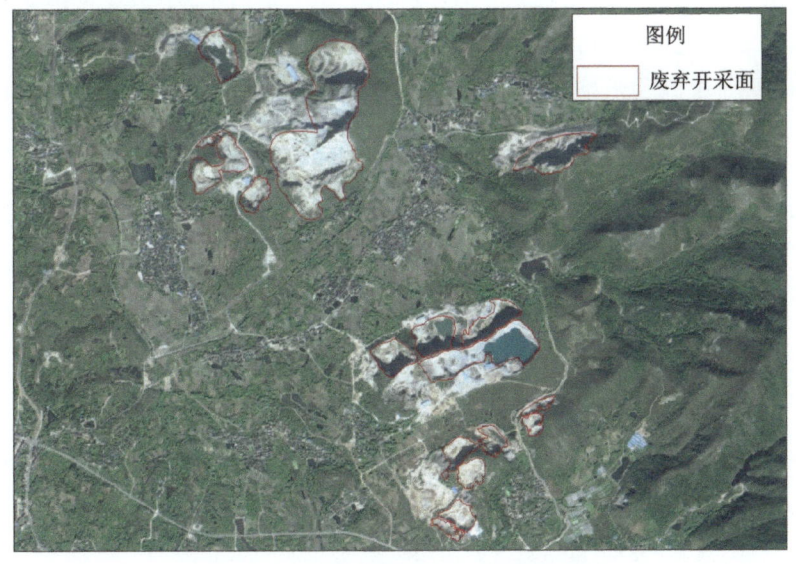

图 2-1-9　孝昌县废弃石材遥感监测图

9. 荆州市

截至 2018 年底,荆州市各类矿产资源开采图斑共 131 个,开采图斑数量仅多于武汉市和鄂州市。其中合法开采图斑共 45 个,关闭或废弃开采图斑 78 个,疑似违法开采图斑 8 个。荆州区和沙市区为市区,无矿产开发活动,仅沙市区有一处疑似违法图斑;公安县与江陵县无矿产开发活动。松滋市是荆州市矿产开发活动最强烈的区域,共有 83 个开采图斑(表 2-1-13)。

表 2-1-13 荆州市各行政区域矿产资源开发统计表　　　　　　　　　　　单位：个

县(市、区)	合法开采	废弃或关闭	疑似违法开采	总计
沙市区			1	1
荆州区				
公安县				
监利县	1	28	1	30
江陵县				
石首市	5	5	1	11
洪湖市	1	3	2	6
松滋市	38	42	3	83
总计	45	78	8	131

10. 黄冈市

截至 2018 年底，黄冈市各类矿产资源开采图斑共 453 个，其中合法开采图斑共 168 个，关闭或废弃开采图斑 258 个，疑似违法开采图斑 27 个。蕲春县为黄冈市开采活动最强烈的县，开采图斑共计 99 个。麻城市是湖北省东部重要的饰面用花岗岩开采基地，房地产市场的火热也带动了当地的违法开采活动。麻城市疑似违法图斑数量为 15 个，为湖北省县级行政区中最多(表 2-1-14)。

表 2-1-14 黄冈市各行政区域矿产资源开发统计表　　　　　　　　　　　单位：个

县(市、区)	合法开采	废弃或关闭	疑似违法开采	总计
黄州区				
团风县	10	21		31
红安县	19	15	3	37
罗田县	13	20	2	35
英山县	13	19		32
浠水县	8	30	2	40
蕲春县	31	68		99
黄梅县	10	20	5	35
麻城市	36	31	15	82
武穴市	28	34		62
总计	168	258	27	453

11. 咸宁市

截至 2018 年底,咸宁市各类矿产资源开采图斑共 356 个,其中合法开采图斑共 178 个,关闭或废弃开采图斑 159 个,疑似违法开采图斑 19 个。通山县的矿产开发活动最为强烈,主要为露天建材类开采。2017 年通山县对九宫山风景区内的矿山进行了清理,关闭了景区内的所有矿山,因此废弃矿山数量也较多(表 2-1-15)。

表 2-1-15　咸宁市各行政区域矿产资源开发统计表　　　　　　　　单位:个

行政区	合法开采	废弃或关闭	疑似违法开采	总计
咸安区	15	36	7	58
嘉鱼县	9	13	1	23
通城县	32	5	2	39
崇阳县	22	14	3	39
通山县	68	60	5	133
赤壁市	32	31	1	64
总计	178	159	19	356

12. 随州市

截至 2018 年底,随州市各类矿产资源开采图斑共 256 个,其中合法开采图斑共 196 个,关闭或废弃开采图斑 51 个,疑似违法开采图斑 9 个。随州市随县拥有华中地区最大的饰面用花岗岩生产加工基地,矿产资源优势矿种为花岗岩矿。下属 3 个县级行政单元开发利用现状各不相同,随县开发强度最大,共 191 个开采图斑,占随州市开发图斑数量的 70% 以上。其中 161 个合法开采,26 个关闭或废弃,4 个疑似违法开采图斑(表 2-1-16)。

表 2-1-16　随州市各行政区域矿产资源开发统计表　　　　　　　　单位:个

行政区	合法开采	废弃或关闭	疑似违法开采	总计
曾都区	15	9		24
随县	161	26	4	191
广水市	20	16	5	41
总计	196	51	9	256

13. 恩施土家族苗族自治州

截至 2018 年底,恩施土家族苗族自治州矿产资源开采图斑共 706 个,为全省第二多,仅次于宜昌市。其中合法开采图斑共 270 个,关闭或废弃开采图斑 397 个,疑似违法开采图斑 39 个。恩施土家族苗族自治州矿产资源优势矿种为煤矿,煤矿主要分布在巴东县、恩施市、建始县和利川市;下属 8 个县(市)矿产资源开发程度相差不大,恩施市、利川市和建始县开采强度大一些,主要是因为这3个县(市)经济较发达,对建筑石材矿需求较大。近期湖北省生态保护红线划定,整个恩施土家族苗族自治州基本位于红线范围内,未来恩施土家族苗族自治州内废弃或关闭的开采图斑将会进一步增加(表2-1-17)。

表 2-1-17 恩施土家族苗族自治州各行政区域矿产资源开发统计表　　　单位:个

行政区	合法开采	废弃或关闭	疑似违法开采	总计
恩施市	50	82	2	134
利川市	41	65	4	110
建始县	45	73	3	121
巴东县	27	44	4	75
宣恩县		3	10	13
咸丰县	51	43	4	98
来凤县	30	43	8	81
鹤峰县	26	44	4	74
总计	270	397	39	706

14. 省直辖行政区

截至2018年底,4个省直管行政区开采图斑共有96个。神农架林区主要开采矿种为磷矿;仙桃市、潜江市主要为砖瓦用黏土,区域内砖瓦厂2017年已全部关闭;天门市与京山县交界处有部分露天石材矿开采。整体上4个省直辖行政区内矿产开发活动不强烈(表2-1-18)。

表 2-1-18 省直辖行政区矿产资源开发统计表　　　单位:个

市(区)	合法开采	废弃或关闭	疑似违法开采	总计
仙桃市		37		37
潜江市		20		20
天门市	2	13	3	18
神农架林区	9	12		21
总计	11	82	3	96

第二节　矿产资源开发变化情况

一、开采方式变化情况

与2017年相比,2018年在开采方式上湖北省矿产资源的变化情况为:露天开采图斑增加498个,地下开采点增加21个。地下开采矿山成本较高,多为金属矿与磷、煤矿开采,近年来此类矿产品价格走势较差,因此地下开采矿山基本没有增加。但伴随着石材价格的一路上涨,露天石材矿开采增加幅度较大(图2-2-1)。

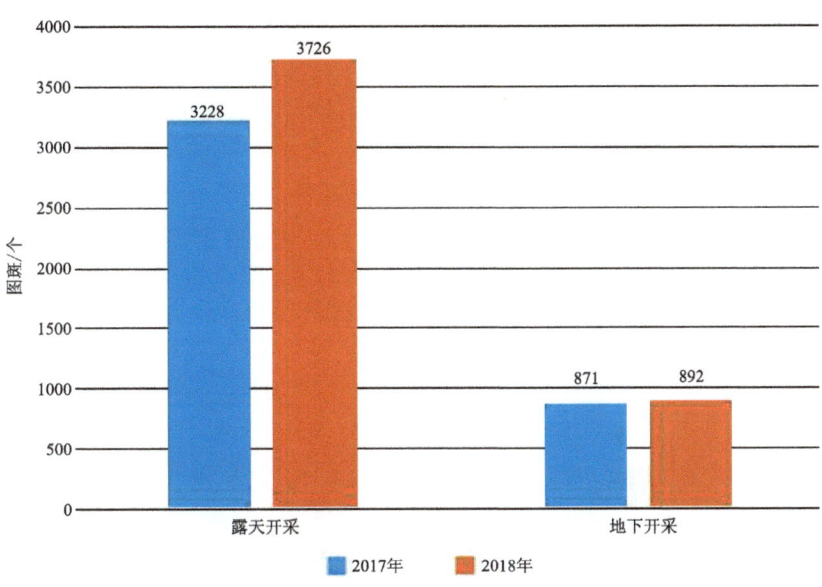

图 2-2-1　湖北省开采图斑不同开采方式 2017—2018 年对比图

二、开采状态变化情况

2018 年与 2017 年对矿产资源开采状态进行对比分析：合法开采的图斑减少了 595 个；关闭或废弃开采图斑增加了 1059 个，2018 年开采图斑总数量几乎是 2017 年的两倍；疑似违法开采图斑增加了 56 个。2016 年以来，湖北省各级政府与行政主管部门严抓生态环境保护，关闭了一大批不符合安全生产规定、生态保护红线范围内、保护性开采矿种的矿山，严格把控矿山准入机制，因此合法开采图斑数量减少，废弃或关闭开采图斑大量增加。与此同时，非金属石材矿价格的火热与市场需求的增加，导致露天石材矿无证、越界行为增加，甚至有地下开采矿山或金属矿山改变开采方式或开采矿种，违规开采建筑、饰面类石材（图 2-2-2）。

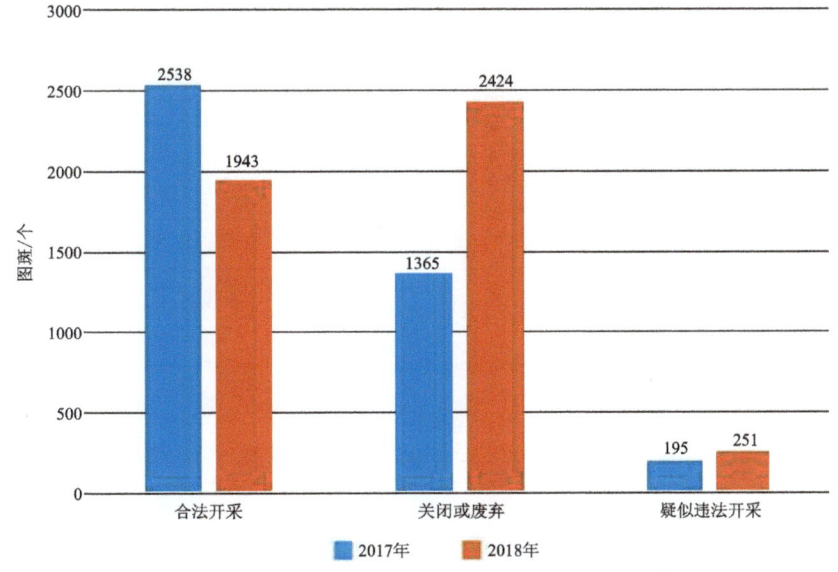

图 2-2-2　湖北省开采图斑不同开采状态 2017—2018 年对比图

三、开采矿种变化情况

由表 2-2-1 可以看出,2018 年与 2017 年对比,除建材及其他非金属矿产与黑色金属矿产外,其他种类矿产的开采图斑数量基本持平。黑色金属矿开采图斑 2018 年减少了 32 个,建材及其他非金属矿产开采图斑增加了 562 个。主要原因与开采状态变化一致:金属矿产品价格下行、开采成本高、国家环保与安全政策压力增大,基础设施建设增多对建材类矿产品需求增加(表 2-2-1)。

表 2-2-1 2017—2018 年湖北省开采矿种变化统计表 单位:个

矿产分类/开采状态	2018 年	2017 年	变化情况
能源矿产	329	331	−2
黑色金属矿产	182	214	−32
有色金属矿产	76	79	−3
贵重金属矿产	23	26	−3
稀有稀土矿产	1	1	0
冶金辅助原料非金属矿产	42	40	2
化工原料非金属矿产	283	282	1
特种非金属矿产	136	140	−4
建材及其他非金属矿产	3545	2983	562
水气矿产	1	3	−2
总计	4618	4099	519

四、各行政区矿产资源开发变化情况

2018 年与 2017 年相比,开采图斑数量增加最多的为恩施土家族苗族自治州、十堰市、襄阳市,分别增加了 210 个、88 个和 70 个,其中恩施土家族苗族自治州露天石材矿开采增加较多;开采图斑减少的行政区有黄石市、武汉市、鄂州市、孝感市,其中黄石市、武汉市恢复治理力度较大,鄂州市部分地下矿山已闭坑,孝感市关停改造了部分砖瓦厂。

表 2-2-2 2017—2018 年湖北省各行政区开采图斑变化统计表

行政区	2018 年/个	2017 年/个	变化情况/个	变化百分比/%
武汉市	38	61	−23	−37.70
黄石市	497	530	−33	−6.23
十堰市	416	328	88	26.83
宜昌市	726	677	49	7.24
襄阳市	381	311	70	22.51

续表 2-2-2

行政区	2018年/个	2017年/个	变化情况/个	变化百分比/%
鄂州市	69	85	−16	−18.82
荆门市	313	268	45	16.79
孝感市	180	185	−5	−2.70
荆州市	131	129	2	1.55
黄冈市	453	408	45	11.03
咸宁市	356	342	14	4.09
随州市	256	190	66	34.74
恩施土家族苗族自治州	706	496	210	42.34
仙桃市	37	37	0	0.00
潜江市	20	20	0	0.00
天门市	18	16	2	12.50
神农架林区	21	16	5	31.25
合计	4618	4099	519	12.66

第三章　矿山开发环境遥感调查与监测

第一节　矿业活动占损土地情况

一、矿产资源开发占地现状

2018年湖北省矿产资源开发占地遥感调查结果显示，矿业开发活动总占地面积为31 046.26hm²（不包含恢复治理和地面开采沉陷区占地面积）。

从矿产资源开发占地的状态来分析，正在活动矿山占地面积为19 069.42hm²，占总矿山占地面积的61.42%；废弃或关闭矿山占地面积为11 846.2hm²，占总矿山占地面积的38.16%，暂停开采矿山占地为130.64hm²，如图3-1-1所示。

从矿产资源开发占地方式分析，采场占地面积最大，共18 758.90hm²，占总面积的60.42%；矿山中转场地占地面积为7 175.55hm²，占面积的23.11%；矿山固体废弃物占地面积为4 501.79hm²，占矿山占地总面积的14.50%；矿山建筑占地面积为610.02hm²，占总面积的1.97%，详见图3-1-2和表3-1-1。

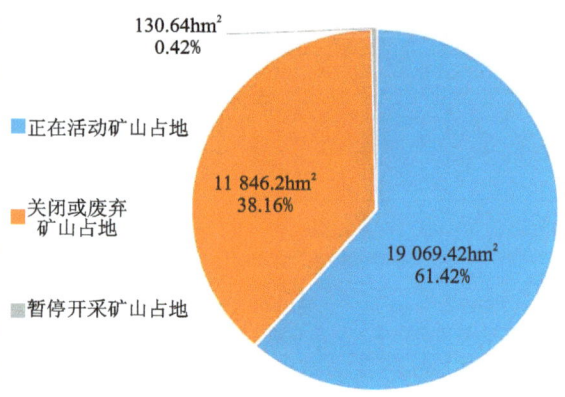

图3-1-1　湖北省2018年度矿山开发占地状态比例

二、矿产资源开发占地分布规律

从矿产资源开发法占地分布的行政区域来看，在湖北省13个地级市、3个省直辖市和1个副厅级林区中，黄石市的矿山开发占地面积最大，为4 616.03hm²。黄石市是国内重要的

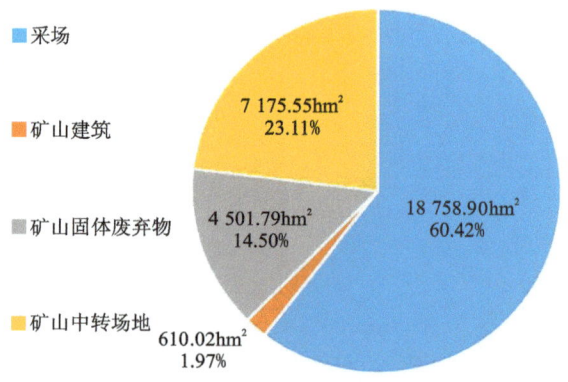

图3-1-2　湖北省2018年度矿山开发不同类型占地比例

铁铜多金属矿集区，开采历史悠久，开采矿种以铁铜金属矿为主，开采方式大多为地下开采。这种开采方式存在大量选矿设施和矿石堆卸场地，并产生了大量的固体废弃物和尾矿库。

表 3-1-1 湖北省 2018 年各县市开采矿种占地情况统计表

单位：hm²

地级市	县级行政单位	采场	矿山建筑	中转场地	固体废弃物	采空塌陷（坑）	恢复治理
武汉市	洪山区	0	0	0	0		3.3
	蔡甸区	179.97	0.74	30.34	7.44		255.06
	江夏区	454.04	24.53	219.62	30.75		294.99
	黄陂区	39.41	0.42	31.3	9.28		5.74
	新洲区	35.55	0	2.55	0		0
黄石市	西塞山区	86.94	5.66	27.68	7.6		35.18
	下陆区	39.77	1.27	21.68	9.02		18.7
	铁山区	223	11.94	65.78	106.23		96.4
	阳新县	839.14	100.95	548.81	295.56	3.99	0.62
	大冶市	646.85	121.55	671.04	781.57		142
十堰市	茅箭区	37.13	0	17.75	0		3
	张湾区	20.06	0	11.47	0		0
	郧县	583.13	11.5	56.97	39.22		185.01
	郧西县	185.89	0.87	34.77	39.78		27.33
	竹山县	133.92	17.35	51.17	36.2		0
	竹溪县	136.41	0.37	19.06	5.41		0
	房县	146.53	4.85	32.62	22.43		1.26
	丹江口市	212.64	0	60.37	46.16		0
宜昌市	西陵区	28.68	0	1.68	0		28.81
	点军区	43.07	6.49	11.39	2.66		0
	夷陵区	283.16	18.86	173.48	129.34		27.77

续表 3-1-1

地级市	县级行政单位	采场	矿山建筑	中转场地	固体废弃物	采空塌陷(坑)	恢复治理
宜昌市	远安县	175.58	5.42	85.88	118.54		0
	兴山县	146.84	15.06	20.64	84.63		0
	秭归县	130.63	2.4	78.16	6.8		0
	长阳土家族自治县	116.69	1.85	79.53	140.09		0
	五峰土家族自治县	102.32	15.43	79.46	31.41		0
	宜都市	350.01	0	108.5	21.5		0
	当阳市	191.62	60.98	106.02	50.01		0
襄阳市	襄城区	61.23	0	3.49	0		0
	襄州区	86.09	0	0	0		0
	南漳县	316.38	1.36	68.65	25.87		0
	谷城县	356.25	6.03	78.42	37.93		0
	保康县	68.18	5.84	44.61	194.06		24.99
	老河口市	161.86	1.08	17.05	0		0
	枣阳市	285.88	3.93	154.45	109.91		0
	宜城市	360.77	0	94.45	58.43		0
鄂州市	梁子湖区	38.95	0	15	1.36		0
	鄂城区	66.28	11.15	129.9	211.82		36.39
荆门市	东宝区	418.97	8.1	170.63	135.22		52.45
	掇刀区	31.72	13.57	55.45	27.9		0
	京山县	805.24	3.21	127.98	16.38		4.65
	沙洋县	132.19	0	30.04	0		6.61
	钟祥市	579.38	15.02	247.61	300.63		75.38

续表 3-1-1

地级市	县级行政单位	采场	矿山建筑	中转场地	固体废弃物	采空塌陷（坑）	恢复治理
孝感市	孝南区	19.54	0	59.91	0		15.42
	孝昌县	165.76	0.16	84.31	30.21		9.29
	大悟县	184.77	2.34	112.63	142.97		38.58
	云梦县	1.09	0	7.36	0		8.01
	应城市	27.07	17.66	109.06	0		11.55
	安陆市	121.9	7.9	64.06	0		37.01
	汉川市	144.17	0	73.76	5.12		0
荆州市	沙市区	0	0	11.62	0		0
	荆州区	22.78	0	0	0		0
	监利县	0.99	0	45.45	0		215.65
	石首市	38.4	0	16.24	0		0
	洪湖市	1.22	0	0	0		3.5
	松滋市	198.13	5.64	96.57	38.87		38.37
	团风县	119.17	2.72	47.25	29		0
黄冈市	红安县	77.04	2.73	86.31	15.51		6.71
	罗田县	128.82	0	29.15	31.41		0
	英山县	64.52	0	22.46	23.26		0
	浠水县	157.7	0	39.61	16.64		0
	蕲春县	370.56	4.72	114.95	69.7		6.11
	黄梅县	303.21	9.08	108.28	53.4		54.92
	麻城市	357.98	13.78	41.62	221.34		0
	武穴市	832.85	16.77	273.12	111.95		18.26

续表 3-1-1

地级市	县级行政单位	采场	矿山建筑	中转场地	固体废弃物	采空塌陷（坑）	恢复治理
咸宁市	咸安区	239.25	0	117.22	7.65		49.85
	嘉鱼县	199.37	0.43	145.71	15.83		7.7
	通城县	173.5	4.86	27.94	12.16		11.75
	崇阳县	127.48	0	73.04	5.88		1.82
	通山县	330.75	4.12	132.47	39.28		13.24
	赤壁市	334.42	3.82	173.28	4.53		3.2
随州市	曾都区	110.81	0	60.99	4.64		0
	随县	2 344.3	0	445.72	263.29		0
	广水市	294.51	3.59	14.46	0.54		0
恩施土家族苗族自治州	恩施市	314.94	0	42.61	13.25		0
	利川市	405.7	0	89.59	10.21		0
	建始县	231.32	2.23	138.33	14.01		0
	巴东县	161.26	0	82.71	9.74		0
	宣恩县	140.76	2.34	5.89	0		0
	咸丰县	209.29	5.66	49.7	0		0
	来凤县	165.17	0	43.43	0		0
	鹤峰县	181.34	0	8.43	17.06		0.74
省直辖行政区	仙桃市	2.74	0	29.25	0		177.99
	潜江市	25.67	0	85.03	0		37.66
	天门市	58.35	1.69	62.24	0		42.23
	神农架林区	31.94	0	18.34	153.2		0
总计		18 758.90	610.02	7 175.55	4 501.79	3.99	2 135.2

其次为黄冈市和随州市,矿山占地面积分别为 3 796.61hm² 和 3 542.85hm²;其中黄冈市和随州市分别为《湖北省矿产资源总体规划(2016—2020 年)》中确立的九大矿产资源产业基地中的随州-枣阳金、饰面石材资源产业基地和麻城-罗田饰面石材资源产业基地所在地,这两大石材基地有广泛的花岗岩体出露,饰面石材资源十分丰富,特别是随州市随县和黄冈市麻城市,素有"中国花岗岩之乡"之称;这两个县(市)里花岗岩石材企业密集,开采规模较大。矿山开采面和固体废弃物占地面积较大。

此外,湖北省三大磷矿基地中的荆襄磷矿区和宜昌磷矿区分别位于荆门市钟祥市和宜昌市夷陵区内。同时也属于《湖北省矿产资源总体规划(2016—2020 年)》中确立的九大矿产资源产业基地中的荆襄磷矿资源产业基地和宜昌-兴山-保康磷矿资源产业基地,为我国最大的中低品位磷矿采矿、选矿基地及磷资源回收利用基地。区内存在大量磷矿矿山企业,开采方式为地下开采,开采规模大,历史悠久,地下开采的废石固体废弃物等占地面积大,荆门市和宜昌市矿山占地面积分别达到了 3 119.24hm² 和 3 024.81hm²。

矿山占地面积较少的为荆州市和鄂州市。荆州市地处江汉平原腹地,矿山数量较少。鄂州市为湖北省国土面积最小的地级市,矿产资源开发总体规模较小。

湖北省各县、市矿山占地详细情况如图 3-1-3 和表 3-1-1 所示。

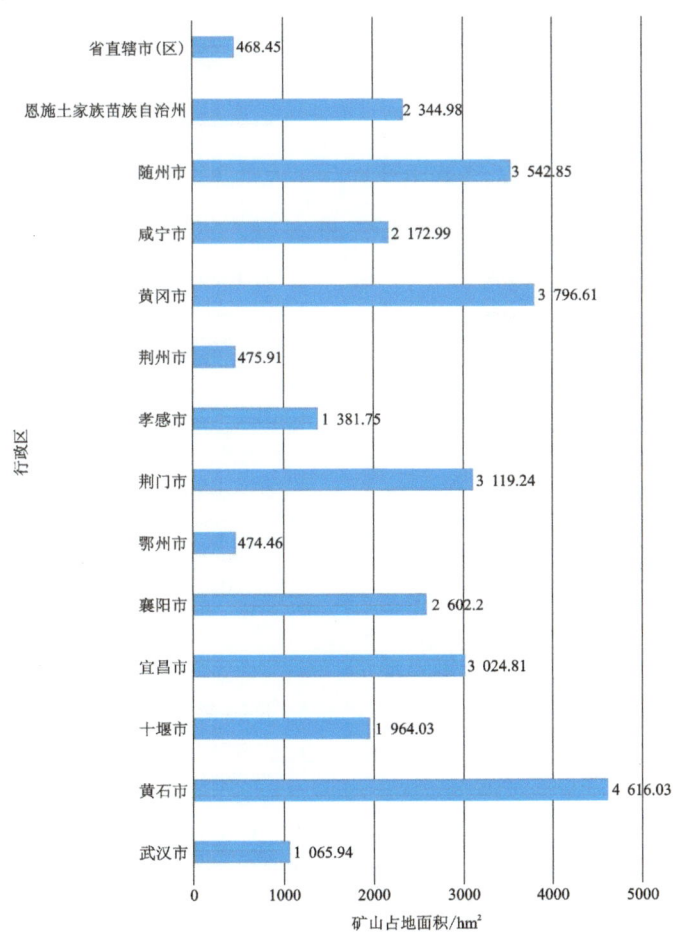

图 3-1-3　湖北省各地级市矿山开发占地对比分析图

图 3-1-4 为湖北省各类矿山占地方式位置分布图,可见湖北省矿产分布主要集中在鄂东南地区以及鄂西南地区,鄂西北矿山活动相对较少。

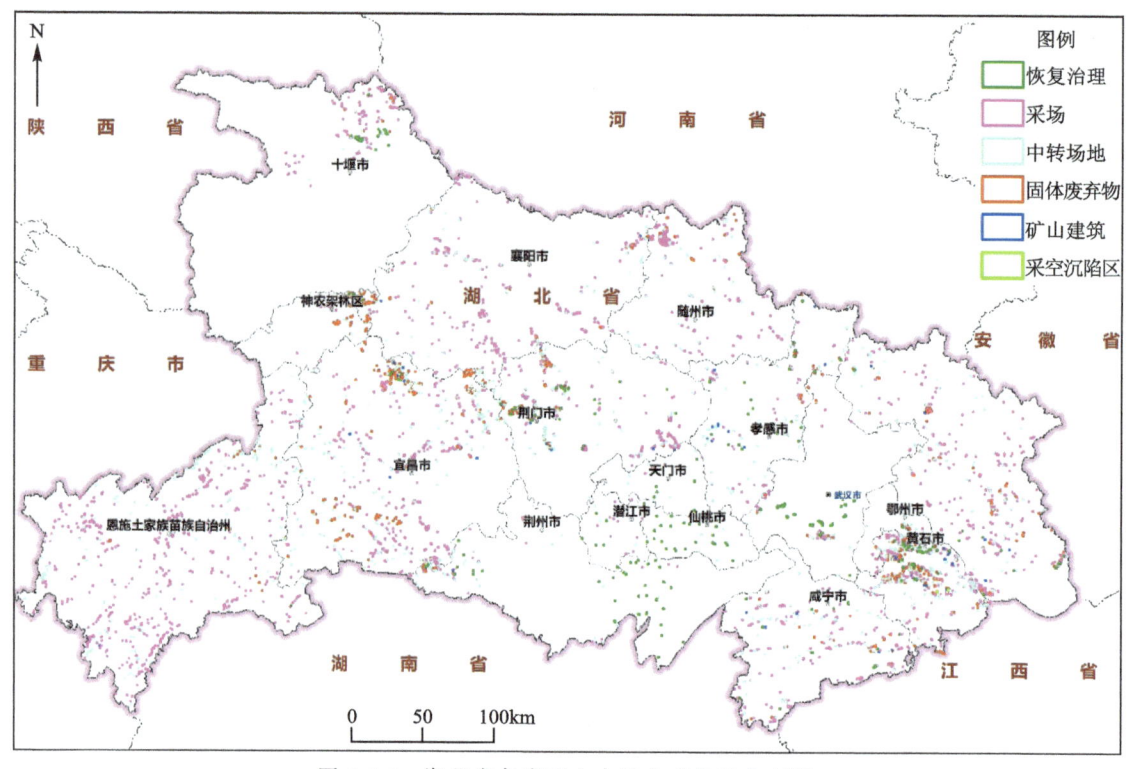

图 3-1-4　湖北省各类矿山占地方式位置分布图

图 3-1-5 为荆襄磷矿区(荆门市钟祥市)秦冲磷矿生产中固体废弃物占损土地实际调查图。该矿磷石膏尾矿库压占了周围土地,附近居民种植的油菜花受到影响,且固体废弃物的污染性表现为固体废弃物自身的污染性和固体废弃物处理的二次污染性,可能含有毒性、放射性以及腐蚀性等危害。

图 3-1-6 为黄石市大冶市金山店铁矿尾矿库占损土地资源遥感图与现场照片。尾矿库多为金属矿开采洗练产生的废渣废液,有严重的污染性。该尾矿库为傍山型尾矿库,尾矿库西侧、南侧、东侧均有居民生活。图 3-1-7 为老河口市非金属石材矿露天开采占损土地,严重影响了地形地貌,破坏了景观。

三、矿产资源开发占地变化情况

对 2016 年、2017 年和 2018 年 3 年遥感影像进行遥感解译,2016—2017 年矿业活动占地增长 6 309.29hm²,同比增长率为 26.67%;2017—2018 年矿业活动占地增加了 1 089.85hm²,同比增长率为 3.64%。

从矿种的角度分析,其中增长面积最多的为建材及非金属矿,增长面积为 849.2hm²,增长率为 3.76%;增长率最高的矿种为化工原料非金属矿,主要为磷矿,增长率达到了 4.51%;增长率最少的为冶金辅助原料矿和能源矿,分别为 1.81% 和 2.16%(表 3-1-2)。

图 3-1-5　秦冲磷矿生产中固体废弃物占损土地实际调查图

图 3-1-6　金山店铁矿尾矿库占损土地资源遥感图与现场照片

图 3-1-7 老河口市非金属石材矿露天开采占损土地资源遥感图与现场照片

表 3-1-2 湖北省 2016—2018 年按矿种划分矿业活动占损土地变化

年度/单位	矿种类别									合计
	能源	黑色金属	有色金属	贵重金属	冶金辅助原料	化工原料	特种非金属	建材及其他非金属	其他矿种	
2016 年/hm²	660.57	1 841.18	748.28	179.47	543.35	1 831.64	187.26	17 657.66	1.70	23 651.11
2017 年/hm²	994.79	2 163.91	1 094.94	277.23	722.18	1 853.71	254.89	22 598.8	2.61	29 960.4
2018 年/hm²	1 016.25	2 231.4	1122	289	735.2	1 937.2	263.2	23 448	7.14	31 050.25
变化情况/hm²	21.46	67.53	27.55	11.67	13.06	83.52	8.3	849.2	4.53	1 089.85
增长幅度/%	2.16	3.12	2.52	4.21	1.81	4.51	3.26	3.76	173	3.64

从矿山占地行政区域分析,矿山占地面积增长率较大的有襄阳市、宜昌市和恩施土家族苗族自治州。恩施土家族苗族自治州经济发展和基础设施建设较为落后,为了城市发展对矿山资源的利用正在逐年增加,所以矿山活动也相对较多。矿山占地面积增长率较小的有武汉市和荆门市。武汉市为湖北省省会城市,矿山有效期到期后基本全部退出,政府重视发展绿色矿山,大力支持矿山环境保护和恢复治理,因此矿山新增开发占地面积较小(表 3-1-3);荆门市主要开采矿种为砖瓦用黏土,经过政府整治和整顿,绝大部分砖瓦厂均已废弃和关闭。

表 3-1-3　湖北省地级市 2016—2018 年矿产资源开发占地变化

序号	地级市	2016 年/hm²	2017 年/hm²	2018 年/hm²	增长面积/hm²	同比增长率/%
1	武汉市	913.42	1057.10	1065.94	8.84	0.84
2	黄石市	3592.82	4517.35	4616.03	98.68	2.18
3	十堰市	1623.23	1880.15	1964.03	83.88	4.46
4	宜昌市	2209.02	2874.71	3024.81	150.10	5.22
5	襄阳市	1 579.34	2 436.47	2 602.20	165.73	6.80
6	鄂州市	409.66	465.72	474.46	8.74	2.80
7	荆门市	2 856.87	3 034.39	3 119.24	84.85	0.72
8	孝感市	1 129.48	1 347.37	1 381.75	34.38	2.55
9	荆州市	581.71	419.41	425.91	6.50	1.25
10	黄冈市	2 589.82	3 723.85	3 796.61	72.76	1.95
11	咸宁市	1 746.39	2 111.24	2 172.99	61.75	2.92
12	随州市	2 474.06	3 416.65	3 542.85	126.20	3.69
13	恩施土家族苗族自治州	1 328.67	2 228.06	2 344.98	116.92	5.25
14	省直辖行政区	616.62	447.93	468.45	20.52	4.58
	总计	23 651.11	29 960.40	31 050.25	1 089.85	3.64

四、矿产资源开发占地对环境的影响

1. 石材矿"露天开采面"对景观地貌的破坏

湖北省矿山开发占地中面积最大的为开采面占地,露天开采面中又以非金属石材矿的露天开采为主,湖北省非金属石材矿建筑用灰岩、花岗岩、大理石矿等矿产资源丰富。

大部分非金属石材矿山位于城市周边和公路沿线等交通便利地区。这些露天采矿活动必然剥离矿体上方及周围表土、岩石和植被,直接造成山体植被和岩石整体结构的破坏,加剧了岩体的岩溶作用和风化作用,使山坡逐渐夷为平地,形成深浅不一的"凹陷形"露天采坑,地形地貌发生永久的、不可恢复的改变,以至于公路沿线采空区山坡形成一片片"白茬山",满目疮痍,严重影响了区域地貌景观的整体视觉效果,破坏了生态景观和旅游资源。图 3-1-8 为随州市随县花岗岩石材矿露天开采对地形地貌景观的严重破坏图。

2. 固体废弃物随意堆放占用破坏土地资源

矿产资源开发过程中势必产生大量的固体废弃物,特别是金属矿山采矿、选矿和冶炼(金属矿山主要为采选联合企业)。生产过程中可能产生污染的固体废弃物有:基建及生产时期剥离的覆盖层和岩石,地面及井下开采过程中产生的外表矿石、岩石,尾矿、水砂、废石填料,露天及井下装载、运输、卸矿过程中撒下的矿石等。

图 3-1-8 随县花岗岩石材矿露天开采对地形地貌景观的严重破坏图

矿山固体废弃物的危害首先突出表现在对土地资源的占用和破坏,不仅大量侵占了农业耕地,直接影响农业,而且覆盖大片森林,大批植被被掩埋,造成植物、动物物种减少。某些金属矿产区绿山变成了石山、秃山,水土流失逐年加剧,堵塞河流,摧毁农田。规模较大的废石堆在风力、水力、重力等自然力的作用下,容易引起滑坡、塌落、雨水量大时易导致泥石流的发生。特别是生态环境脆弱地区,生态环境一旦破坏就很难修复重建。

图 3-1-9 为磷矿区内固体废弃物占地现场调查照片,由照片可发现固体废弃物均堆积在山坡或山坡与道路的连接处,不仅压占了林地,破坏了植被,一旦遇上暴雨,经雨水冲刷和淋滤极易向下游地区滑动,对道路和居民存在较大威胁。图 3-1-10 为随州市随县花岗岩矿区固体废弃物占地照片。固体废弃物沿矿区道理周边和边坡随意堆放,不仅破坏林地,而且极易形成泥石流。

图 3-1-9 磷矿区内固体废弃物占地现场调查照片

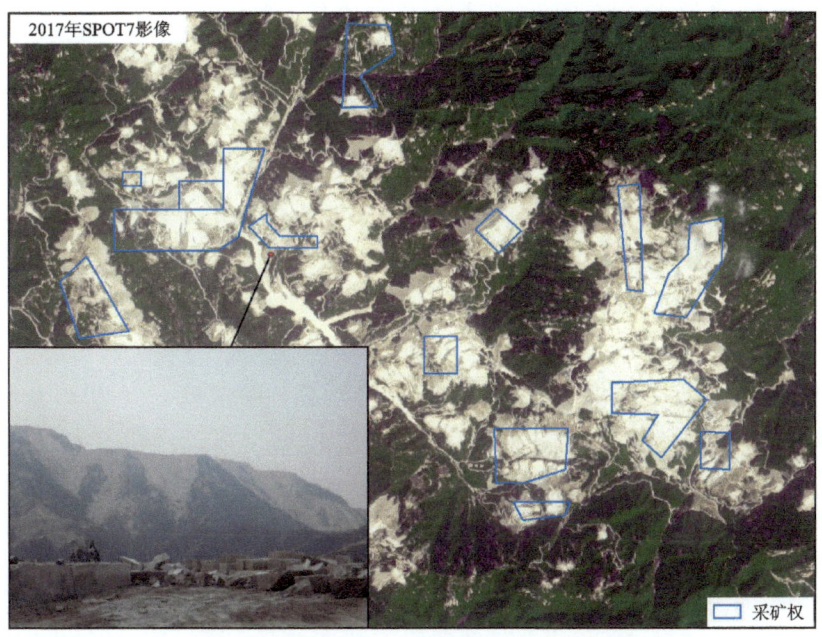

图 3-1-10　随县花岗岩矿区固体废弃物占地照片

3. 尾矿库土地占用对环境影响

尾矿库是矿山选矿厂生产不可缺少的设施，尾矿库是指由筑坝拦截谷口或围地构成的，用以堆存金属或非金属矿山进行矿石选别后排出尾矿或其他工业废渣的场所。尾矿库是一个具有高势能的人造泥石流危险源，存在溃坝危险，一旦失事，容易造成重特大事故。图 3-1-11 为鄂州市程潮铁矿尾矿库影像图。可以看出该尾矿库占用了大量土地面积，且呈现扩张的趋势，尾矿库中的废液废渣也会对附近的土地以及水资源造成污染。

图 3-1-11　鄂州市程潮铁矿尾矿库影像图

2017年3月12日凌晨2时10分,大冶有色金属有限责任公司铜绿山铜铁矿尾矿库西北坝段发生一起溃坝事故,事故造成2人死亡,1人失联,直接经济损失4 518.28万元。溃坝原因为采空区的顶板花岗岩经长期风化侵蚀而坍塌,造成上部地层下陷,从而导致尾矿库坝体基础下沉断裂失稳,加上库内水体和尾砂的迅速下泄,流动的水体及尾砂对坝体施加水平冲击力,致使坝体西北段呈扇形滑动发生溃坝。

图3-1-11为2016—2018年大冶市铜绿山尾矿库溃坝前后遥感监测图,从2017年遥感影像圈定的溃坝影响范围计算出溃坝对北面下游水产养殖场破坏的面积达42hm²,整个水产养殖场已全部内尾砂填满,溃坝坝首长度约450m,已进行修复重筑。从遥感影像上可观察到溃坝地点下游并不是居民集中区。若溃坝发生在尾矿库西侧和南侧居民和道路集中区,后果不堪设想。2018年可从影像中发现溃坝冲击的下游鱼池已种植植被,进行了恢复治理。铜绿山尾矿库野外调查照片见图3-1-12。

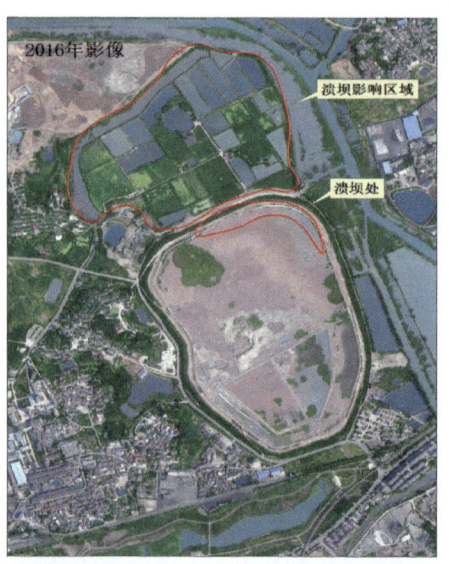

图3-1-12　大冶市铜绿山尾矿库溃坝前后遥感监测图

图 3-1-13　铜绿山尾矿库野外调查照片

第二节　典型矿山地质灾害

一、总体分布特征

2018 年度共解译湖北省矿山开发引起的各类地质灾害共 85 处,具体分布情况见表 3-2-1。

表 3-2-1　湖北省 2018 年度典型矿山地质灾害遥感监测统计分布表　　单位:处

地级市	县级行政单位	采矿塌陷（塌陷坑合并为塌陷区）	采矿引起的泥石流	采矿引起的滑坡	采矿引起的崩塌（危岩）	合计
黄石市		15	1	1	18	35
	铁山区	1		1	1	3
	阳新县	7	1		6	14
	大冶市	7			11	18
十堰市			1			1
	郧西县		1			1
宜昌市			1	3	3	7
	远安县			2		2
	兴山县			1		1
	长阳土家族自治县		1		3	4

续表 3-2-1

地级市	县级行政单位	采矿塌陷（塌陷坑合并为塌陷区）	采矿引起的泥石流	采矿引起的滑坡	采矿引起的崩塌（危岩）	合计
襄阳市			2			2
	保康县		2			2
鄂州市		5		1		6
	鄂城区	5		1		6
荆门市		15				15
	钟祥市	15				15
荆州市			2			2
	松滋市		2			2
黄冈市					1	1
	黄梅县				1	1
咸宁市			2			2
	通山县		2			2
随州市			13			13
	随县		13			13
省直辖行政区				1		1
	神农架林区			1		1
合计		37	20	6	22	85

从矿山地质灾害分布的行政区域来看，黄石市 35 处，荆门市 15 处，随州市 13 处，宜昌市 7 处，鄂州市 6 处，咸宁市、荆州市和襄阳市各 2 处，十堰市、黄冈市和神农架林区各 1 处。矿山地质灾害主要集中在黄石市大冶市、阳新县境内，以及钟祥市境内，其中大冶市矿山地质灾害总计 18 处，阳新县 14 处；钟祥市 15 处、随县 13 处（图 3-2-1）。

矿山地质灾害发生与其对应矿山开发种类有一定联系。在鄂东南为铁铜多金属矿集区，地面塌陷和崩塌是鄂东南矿矿区内普遍存在、影响最为严重的一种矿山地质灾害，主要发生在以地下开采为主的铁铜金属矿山内。

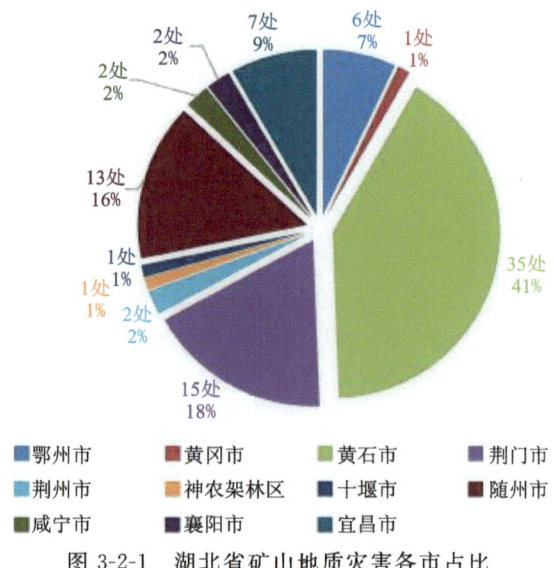

图 3-2-1　湖北省矿山地质灾害各市占比

荆门市的荆襄磷矿区采空区地面塌陷是磷矿矿山较普遍存在的矿山地质环境问题,其中钟祥市胡集镇是地面塌陷严重区之一。随县露天开采花岗岩矿山分布范围较广、规模较大,是引发泥石流隐患的高危区。

2018年典型矿山地质灾害数量和2017年相比数量不变,和2016年相比增加了4处,增加的矿山地质灾害全部为地面塌陷,集中分布在鄂州市。

从矿山地质灾害的类型划分来看,主要是地下开采引发的地面塌陷为主,共37处,占矿山地质灾害总数43.53%;其次为崩塌和泥石流,分别为25.88%和23.53%;滑坡占7.06%,如图3-2-2所示。

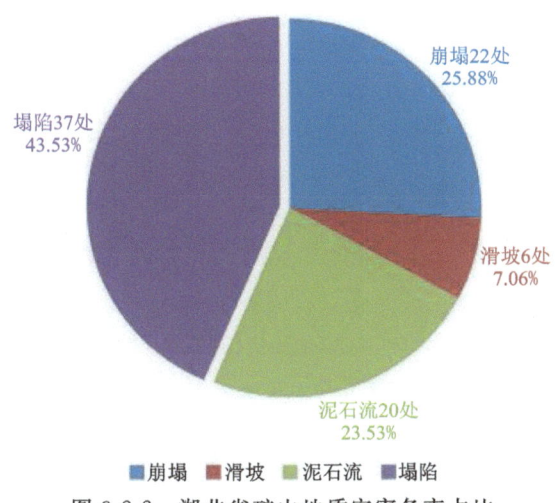

图 3-2-2　湖北省矿山地质灾害各市占比

二、矿山地质灾害基本规律

湖北省矿产资源丰富,如鄂东南地区有铁铜多金属矿集区、鄂西地区磷矿矿集区,随县大面积花岗岩矿集区等。随着矿业活动不断活跃,长时间的矿业开采引发了许多地质灾害。2018年已解译地质灾害较集中区有程潮-铁山铁铜多金属矿集区、大冶-阳新铁铜多金属矿集区、钟祥市磷矿矿集区和随县花岗岩矿集区等。湖北省矿山地质灾害分布如图3-2-3所示。

程潮-铁山铁铜多金属矿集区和大冶-阳新铁铜多金属矿集区,这两个矿集区主要矿产为铁矿和铜矿,在20世纪60—70年代以露天开采为主,在地表遗留有大量的废弃采坑,废弃采坑周边形成了高切坡,在重力的作用下容易形成崩塌。随着资源量的空间位置的转移,现在它们以地下开采为主,大规模的地下开采活动形成大量采空区,导致地质灾害频繁发生。

湖北省西部地区三大磷矿区荆襄磷矿区、宜昌磷矿区、保康磷矿区均为全国重要磷矿基地,磷矿矿产资源丰富、开采历史悠久,同时矿山地质灾害问题较为突出集中;其中荆襄磷矿区地势较为平坦、磷矿地下开采引发的地质灾害主要为地面塌陷及地面塌陷伴生的地裂缝;宜昌磷矿区和保康磷矿区地均为山区,地形切割较为强烈,地势陡峭,矿山地质灾害主要为地下开采引发的山体滑坡及开采过程中堆放在陡峭山坡上的固体废弃物引发的泥石流。

随县花岗岩资源丰富,在吴山镇有连片的花岗岩开采矿山。但由于开采过于集中,开采

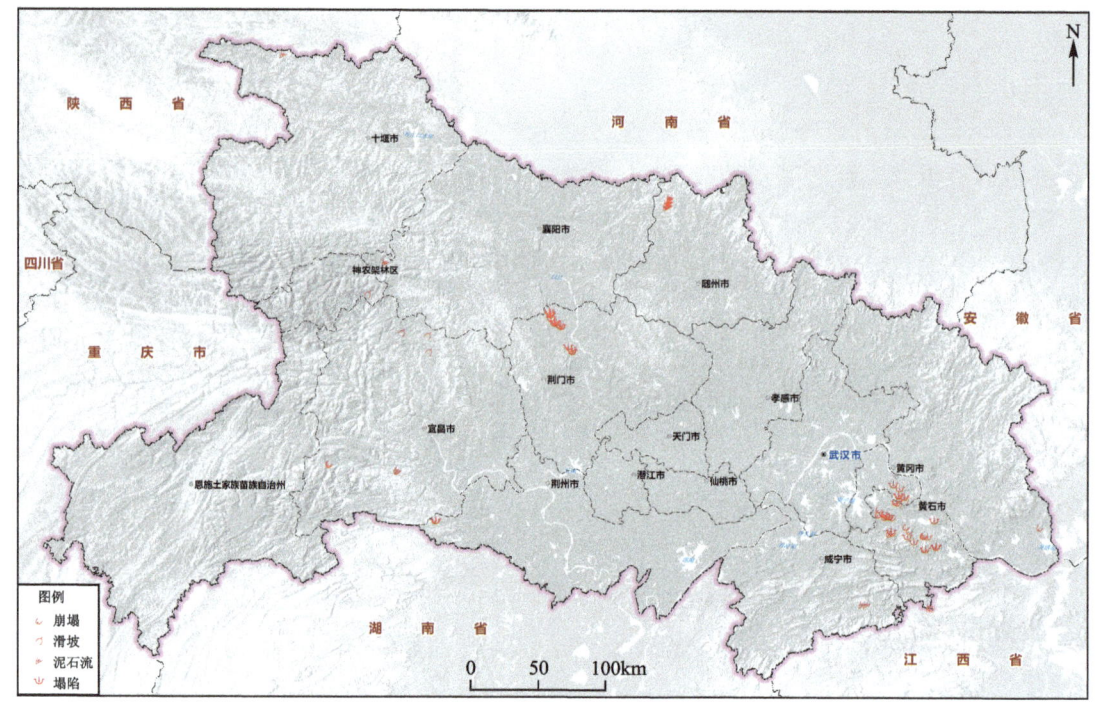

图 3-2-3　2018 年湖北省矿山地质灾害分布图

规模较大,且开采区多位于山腰或山顶。因此有大量废弃石料和排土场堆积形成高危边坡,如果遇上大暴雨,这些边坡上的堆积物就很容易发生泥石流灾害。

三、采空区地面塌陷总体分布特征

2018 年湖北省共解译出各类共 40 处,主要分布在鄂西荆襄磷矿区钟祥市和鄂东南大冶市、阳新县、鄂城区。采空区地面塌陷是湖北省矿山开采引发的地质灾害中最常见、影响范围最广、数量最多的矿山地质灾害。鄂西和鄂东南这两个矿区的开采方式均以地下开采为主,大规模的地下开采活动容易引发地面塌陷,伴生的还有地裂缝。由于底层的矿产被开采后,形成采空区,采空区顶板岩层在自身重力和覆盖岩层的压力作用下会产生向下的弯曲和移动,当顶板岩层内部产生的拉长压力超过其极限强度时,顶板及覆盖岩层会发生断裂以及离层等现象,最终波及地表而形成负地形。

图 3-2-4 为湖北省喜人化工有限公司钟祥磷矿区地下开采采空区引发的地面塌陷及伴生的地裂缝,大面积的塌陷引发地形的错位、山体倾斜和岩石的裸露。

图 3-2-5 显示了鄂州市汀祖狮子山铁矿地下开采引发的地面塌陷对当地居民地的影响。2007 年 4 月时,地面塌陷还未发生,有大片的居民地;2009 年 12 月影像上大部分房屋消失,居民迁走,影像的东北面出现地裂缝;2012 年 12 月的影像上西南角上的房屋还在减少,而地裂缝仍存在,说明地面塌陷还在持续发生;2016 年 4 月的影像上地裂缝消失,可能为当地已采取一定措施来处理塌陷坑。通过多时相影像可以看出地面塌陷对当地居民生活的影响非常大。

图 3-2-4 钟祥磷矿区地面塌陷野外调查照片

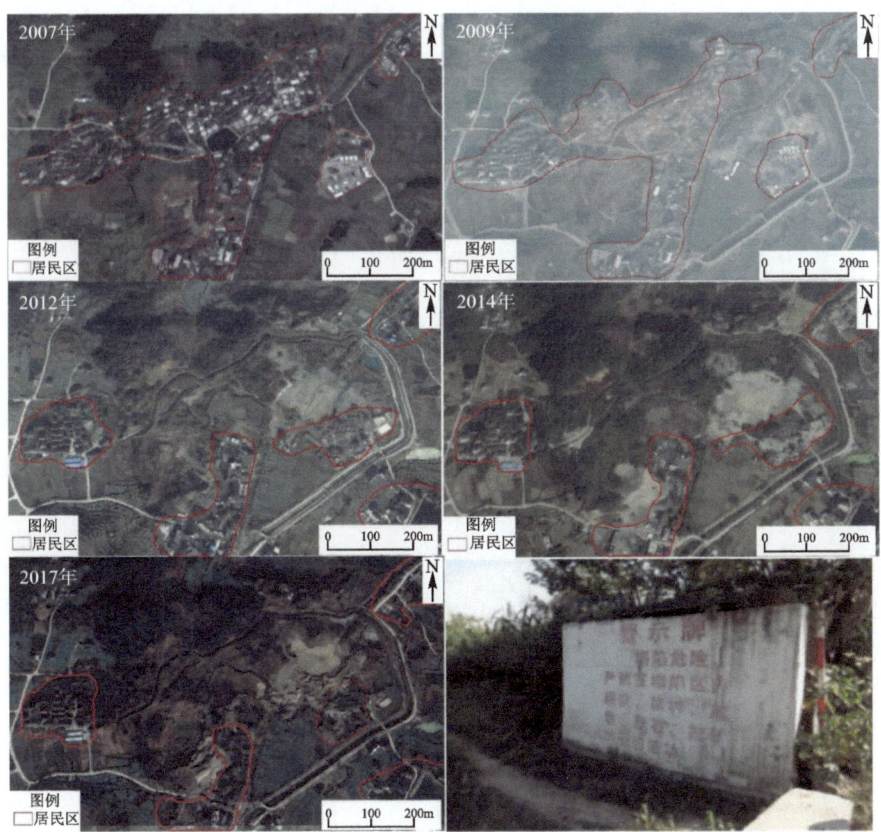

图 3-2-5 多时相影像显示塌陷灾害演化对居民地的影响

图 3-2-6 为白云山铜矿地下开采导致地面裂缝和岩土在重力作用下发生大面积陷落形成的塌陷坑,由于塌陷规模巨大,在附近还形成了一些地裂缝,原有的地表植被遭到破坏,并形成由泥土组成的堆积体和陡峭的塌陷壁,破坏林地。

图 3-2-6　阳新县鑫成矿业有限公司白云山铜矿地面塌陷影像图

图 3-2-7 为鄂城区金文武铜铁矿和陈盛矿业有限责任公司陈盛矿区在 2016 年和 2017 年产生的塌陷坑遥感影像图。两个金属矿区位于平原地区,因此由地下开采导致的地面塌陷在遥感影像上的特征不如在山区的塌陷特征明显,但从影像上仍可发现有沉降痕迹。对比 2016 年和 2017 年的遥感影像,发现 2017 年金文武铜铁矿塌陷坑在图中红色塌陷区域北部有新的塌陷发生,此区域地表裸露。陈盛矿区的塌陷坑在 2017 年没有新的变化,原塌陷坑逐渐生长出植被。两期影像图显示,塌陷严重破坏了耕地资源,且金文武铁矿位于居民区附近,开矿导致的地面塌陷对周围居民的人身和财产安全构成潜在的威胁。

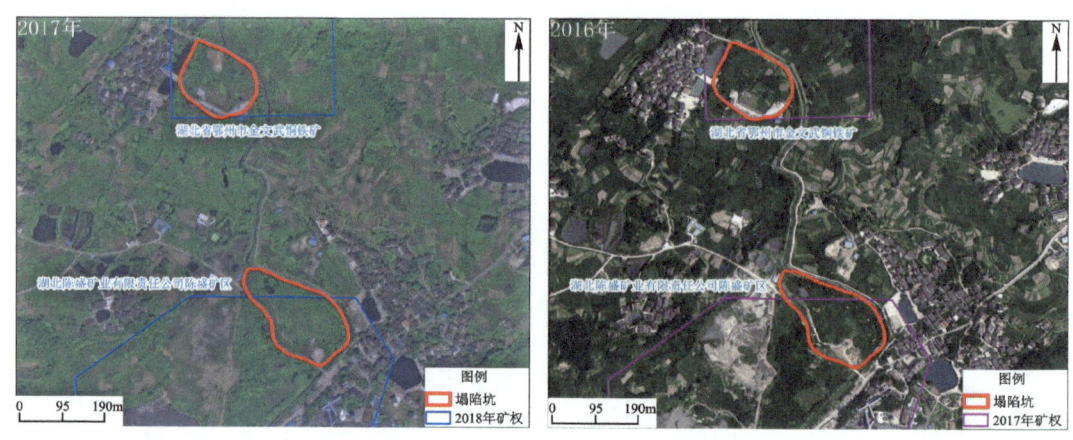

图 3-2-7　陈盛-金文武塌陷两期遥感图

四、泥石流总体分布特征

2018 年湖北省共解译出矿山开采引发的泥石流各 20 处,主要涉及随县、保康县、通山县、郧西县、长阳土家族自治县以及鄂东南地区的阳新县。鄂西地处中国第二阶梯和平原丘陵的接触带上，地形陡峭、切割强烈，受地形地貌影响，矿产生产过程中产生的固体废弃物没有平坦的地方堆放，大多就近沿山坡堆放，山坡多陡峭，在暴雨或其他外力作用下，极易形成泥石流，破坏和威胁下游群众的财产安全和生命安全。由于采矿活动的持续性，固体废弃物往往会持续不断地堆积，为泥石流的发生提供新的物源，因此固体废弃物引发的泥石流一般具有频发性。

2018年湖北省矿山开采引发的泥石流问题最为突出的为随州市随县花岗岩矿区。该花岗岩矿权矿权数量较多，开采规模较大，一般矿山开采以后形成的废料堆积体中的块石或者碎石均为棱角状，就地堆放在开采面附近的山坡上，废料堆积体方量大，且矿区内矿渣堆积体前缘均未修建挡墙进行拦挡，也未修建排导设施；在正常情况下一般不会大量下崩而形成崩落，但在地形较为陡峭的山坡堆积的废弃物，在雨季或暴雨时易顺山坡或沟谷移动，容易形成泥石流。如果形成泥石流的岩块落于矿区的简易公路上，小者影响交通；若山坡下方有矿区建筑房屋和群众百姓，一旦发生泥石流，后果不堪设想，危险性极大。

通过2017—2018年遥感调查与监测，根据山坡固体废弃物的动态变化情况和向下移动的速度，在随州市随县花岗岩矿集区圈定了13处泥石流隐患区（图3-2-8、图3-2-9）。

图3-2-10为保康县九里川保神磷化有限责任公司板凳垭磷矿矿权内，磷矿开采产生的固体废弃物沿山坡堆积，松散固体废弃物在雨水作用下，顺山坡滑入山沟形成泥石流。WorldView-Ⅱ影像中清晰可见固体废弃物堆于半山腰，在雨水及重力作用下沿山坡倾泻而下，植被被固体废弃物掩盖。固体废弃物沉积在南河河床中，破坏河床的平衡条件，固体废物中的化学污染物将破坏南河水质，破坏南河流域生态环境并影响下游群众的生产生活。

图3-2-11是阳新县洋港矿业有限公司复兴煤矿开采煤矿形成的崩塌、泥石流灾害，图中泥石流物源区为煤矿越界开采后导致地面塌陷形成的崩塌区域，为泥石流的发育提供了物源。在雨水冲刷作用下，煤矿的煤矸石成为泥石流的另一个物源，泥石流的规模逐渐扩大，压占耕地，流通长度加大，逐渐对下游的村庄构成严重的威胁，这里是一个值得关注的灾害隐患点。

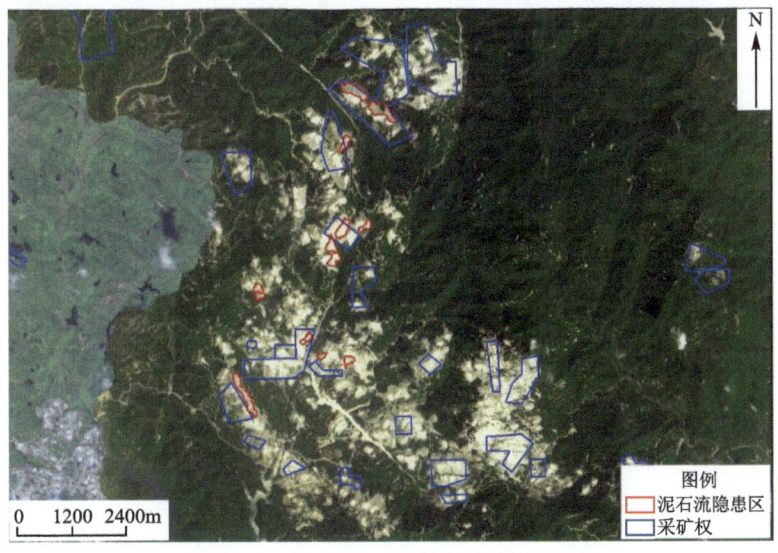

图3-2-8　随县泥石流隐患区遥感分布图

图 3-2-9　随县花岗岩矿集区泥石流隐患遥感调查图与野外照片

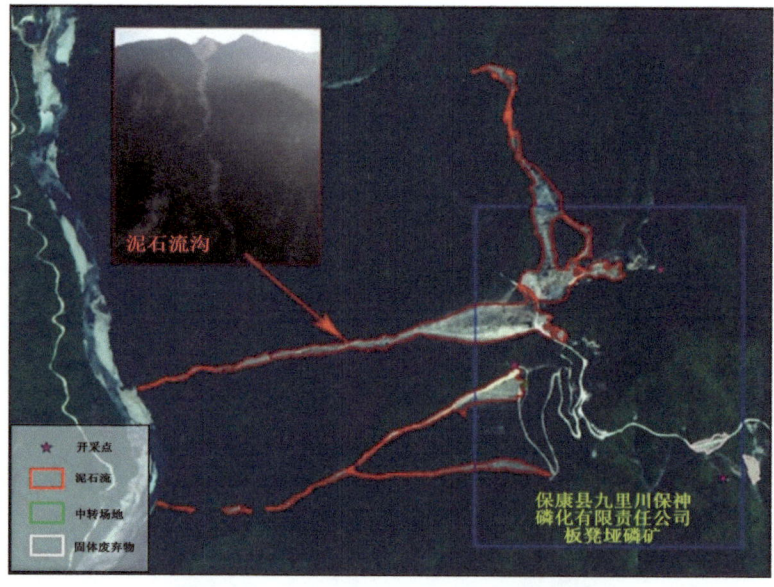

图 3-2-10　保康磷矿区泥石流遥感调查图

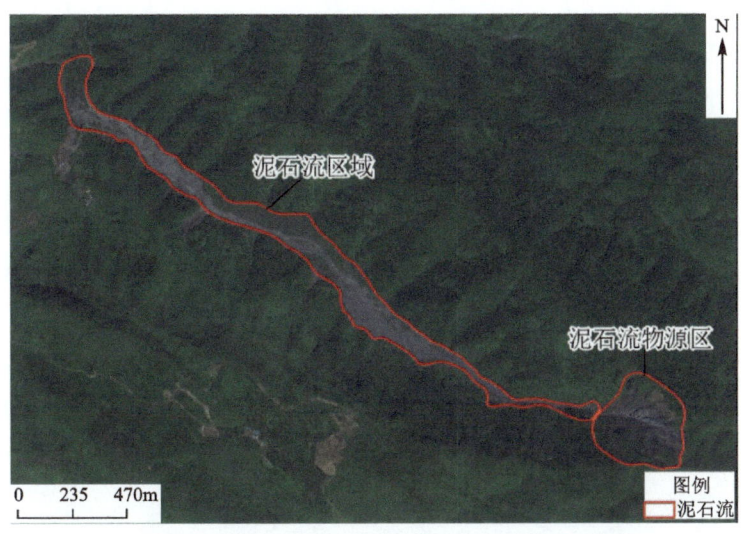

图 3-2-11　阳新县洋港矿业有限公司复兴煤矿泥石流

五、崩塌总体分布特征

湖北省矿山开发的崩塌主要分布在鄂东南铁铜多金属矿集区,涉及的主要县(市)是阳新县、大冶市。2018 年大冶市有 11 个崩塌,阳新县有 6 个崩塌,黄梅县和黄石市铁山区各有 1 个崩塌。崩塌主要与铁矿和铜矿的开采有关。露天开采在地表形成大量巨型采坑,采坑岩壁系人为开凿,受力不均,在外力的作用下极易引发崩塌和滑坡。早期露天开采形成高陡边坡,在边坡上碎石一般处于失稳状态,所以崩塌主要发生在黄石市的铁山区和大冶。这些矿区开采时间长,早期的露天采面没有及时治理,就容易发生崩塌,主要集中在大冶铁矿、金山店铁矿、灵乡镇堖窖铁矿、赤马山铜矿等矿区。

图 3-2-12 是大冶铁矿露天开采引发的崩塌。崩塌壁落差有 11m 左右,崩塌壁坡度较陡,形成了扇状堆积体,堆积体物质组成有岩石,影响了盛洪卿村的林地、未利用地的面积共 1.07hm²。

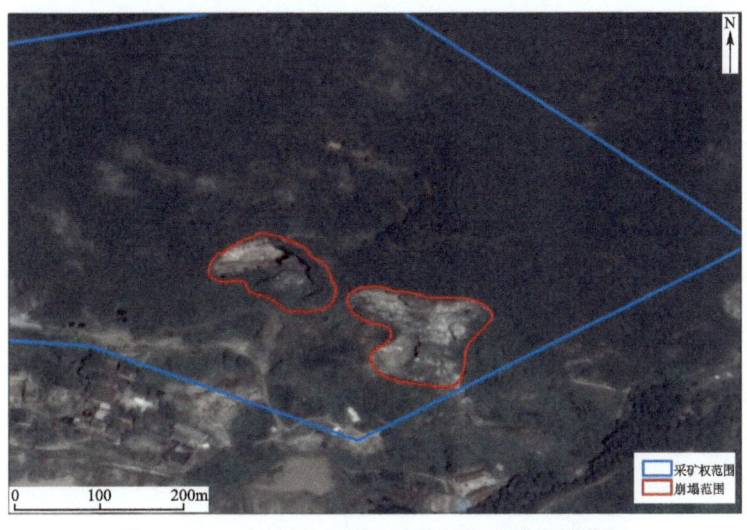

图 3-2-12　大冶铁矿露天开采引发的崩塌影像图

六、滑坡总体分布特征

2018年湖北省矿山开发引发的滑坡现象较少,共6处。这些滑坡有露天开采造成的,也有地下开采造成的,主要分布在宜昌市磷矿区远安县、夷陵区及鄂东南的铁山区;矿山开发引发的滑坡主要是由于外力(包括爆破、挖掘等)破坏原岩体中的应力平衡,滑坡体沿着斜坡向下滑动。地面塌陷常伴生滑坡的发生,在塌陷周围容易形成裂缝。

图3-2-13为神农架林区马鹿场磷矿开采导致的滑坡遥感影像图。从图中可见滑坡区域严重破坏地表植被,与周围高密度覆盖植被区形成鲜明的对比。

图3-2-14是大冶铁矿地质公园中的滑坡体,滑坡分布在大冶地质公园西北面的陡坡上,滑坡体色调是呈灰色或灰白色,沿着陡坡连续分布。根据多时相影像发现该滑坡体还处于活动中,不断向下滑动。

图3-2-13　神农架林区马鹿场矿业开发有限责任公司马鹿场磷矿

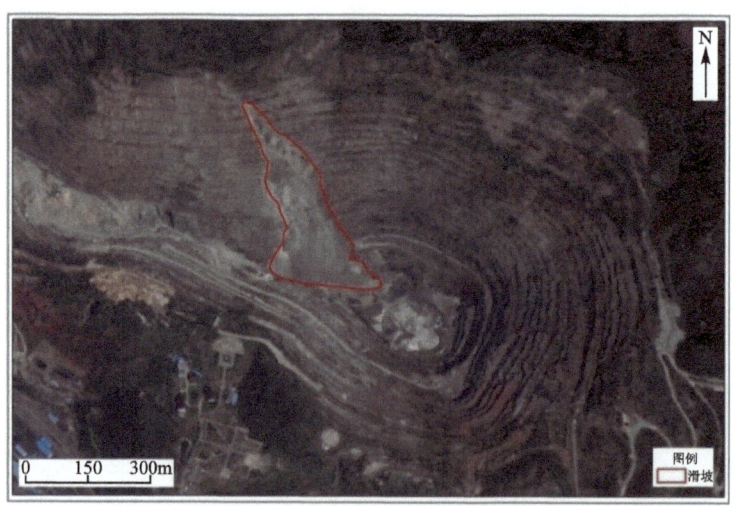

图3-2-14　大冶铁矿地质公园滑坡影像图

宜昌、兴山、远安三地交界处,绕黄陵背斜核部东、北缘,呈北西-南东向弧形分布,是一个大型的磷块岩矿床。此处矿业活动剧烈,成为诱发滑坡等地质灾害的主要成因。图 3-2-15 为宜昌市兴山县的韭菜包滑坡,滑坡下方为湖北省宜昌市兴山县树空坪矿业有限公司申家山磷矿采矿权范围。韭菜包大型滑坡发生于 1997 年 10 月 13 日,滑坡规模 210 万 m³,影响范围 1400 万 m³,规模巨大,国内罕见,直接经济损失达 80 万元。该滑坡虽然已经发生过一次,但岩体基本趋于稳定,从近年的连续遥感监测情况看,已经进行护坡工程及周边改造,属于矿山地质灾害治理比较好的典型。

图 3-2-15　兴山县韭菜包滑坡遥感调查图与现场照片

第三节　矿山环境污染

一、矿山活动对水体的污染

矿山开采过程中,矿坑排水、矿石及废石堆所产生的淋滤水、矿山工业和生活废水、矿石粉尘、燃煤排放的烟尘等因素,都会对矿山环境造成危害。受污染的水体因具备异于正常水体的光谱特征,因此使用遥感影像进行水体污染监测是十分有效的。

2016—2018 年湖北省共发现 3 处由矿山开发引起的水体污染,分别在宜昌市夷陵区雾渡河镇、黄冈市麻城市和黄石市大冶市。在宜昌市雾渡河上游曾经有一个硫铁矿采矿权,已关闭停采。但采矿废渣露天堆积,无人处理,受雨水淋滤、渗透溶解矿物中可溶成分,产生乳黄色酸性废水,严重污染了下游水体。这些受污染的废水污染地表水、地下水和周围农田、土地,并进一步污染了农作物。

麻城市花岗岩开采带来的对矿山周围水体的污染比较严重,生产的碎石堆放在河边,由雨水淋滤及河水冲洗的废水污物一并带入河中,含有大量难沉降的悬浮固体,使东面水体变成灰白色浑浊状,南边流过来清澈的水体呈黑色,污染河流长度达 4.87km,对河流沿岸的土地和农业都产生严重的污染(图 3-3-1)。

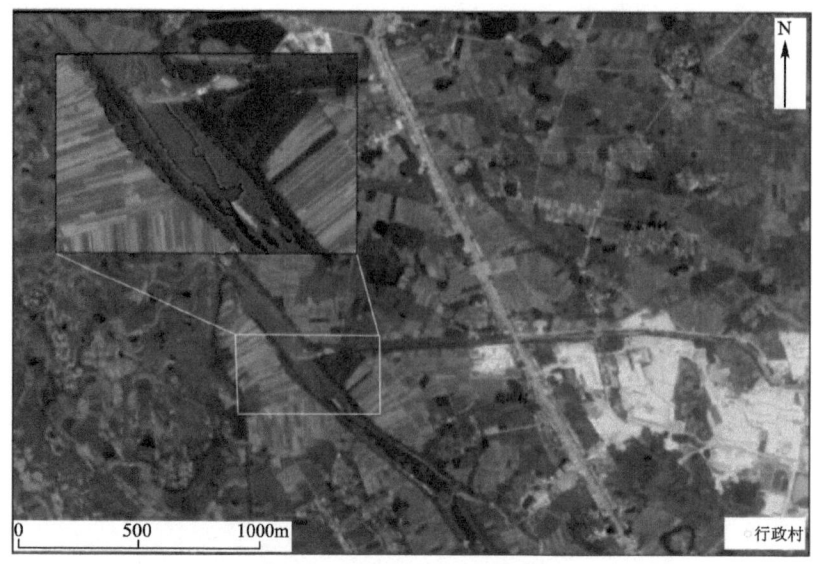

图 3-3-1 麻城市矿山环境污染图

图 3-3-2 为大冶有色金属公司铜山口铜矿开采导致的河流污染现象。影像中可以看到，呈灰褐色的污染从南面流入清澈水体中，从西面流过来的清澈水体流经污染水体之后明显变得浑浊，颜色变为灰褐色。污染源来自于河流上游的大冶有色金属公司铜山口铜矿尾矿库，河流污染长度达 15km，对沿岸的陈贵镇等多个乡村及农业生产产生严重的影响。

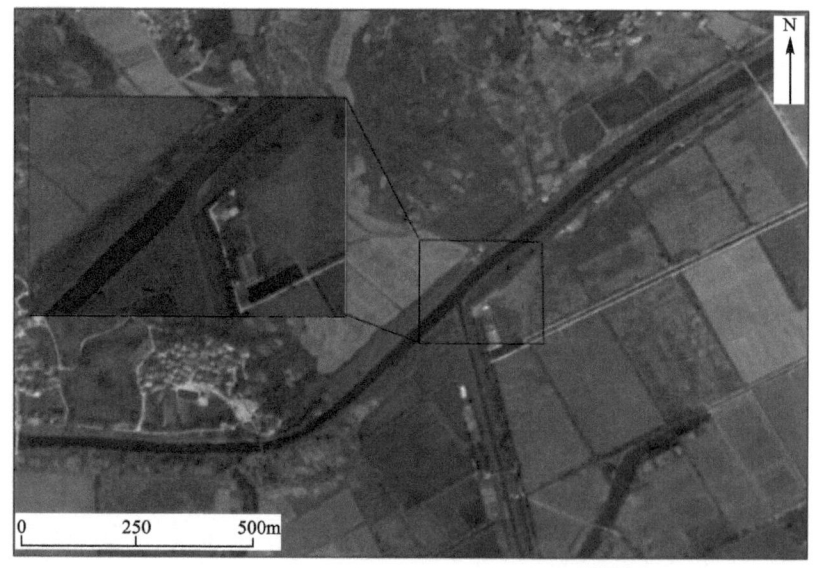

图 3-3-2 大冶市铜山口铜矿矿山环境污染图

二、矿山活动对大气的污染

露天采场生产因大量使用大型移动式机械设备和大爆破，使矿内空气产生一系列尘毒污染，如爆破和采用柴油机为动力的设备等。常见的污染物质主要有粉尘、有害有毒气体（H_2S、SO_2、CO、NO_2 等）和放射性气溶胶。选矿生产过程中产生的大量粉尘和有毒物质，也是矿区大气污染的重要因素。此外,矿区繁忙的交通运输产生的富含重金属物质的废气,矿区冶炼厂、烧结厂、电厂产生的浓烟以及矿区燃煤产生的有害物质,均构成矿区大气的污染。其中,阳新县沿长江带分布的灰岩开采、选矿规模庞大,因此矿区附近的空气质量非常差。

当植被接触污染物剂量超过伤害阈值时,植被出现外观颜色的变化或者内部细胞结构和含水量的变化,植物光谱能对这些变化有特征性的响应。基于这些光谱变化,如图 3-3-3 所示,选取距离矿区距离不等的三个点 A、B、C,对其植被做光谱分析。由光谱曲线可以看出,靠近矿区采场的 A 点植被反射率明显高于 B 点和 C 点,说明 A 点所受污染最严重;远离矿区的 C 点植被反射率最低,说明 C 点植被所受污染最小。实地验证所拍摄照片清晰地反映了矿区加工场地粉尘漫天飞扬,周围植被被蒙上了一层白纱,空气质量较差,环境极度恶化。图 3-3-4 显示灰岩的露天开采产生的大量的粉尘污染,导致空气污染,环境极为恶劣。露天开采面以及石材加工过程中的粉尘对南侧的建筑产生大量的污染,严重污染居民生活生产。

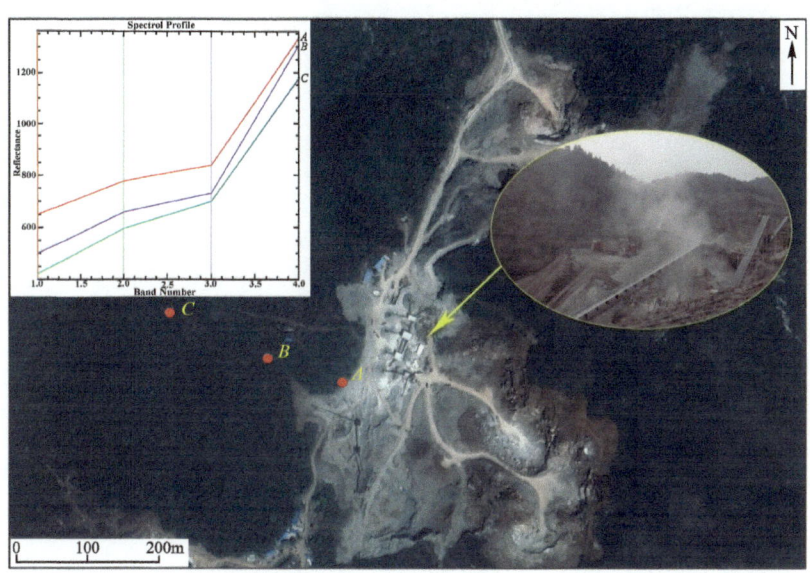

图 3-3-3 矿山开采引起粉尘污染现象

图 3-3-4 露天开采引起的粉尘污染影像图

三、矿山活动对土壤的污染

金属矿露天开采需要剥离地表植被和表土,会对原地原有的生态环境和自然景观造成影响,表土就近堆放也会压占大量的土地。其次,露天开采如红土型金矿,其堆浸场的含氰化物浸出废水未经处理直接排放,这些废水废液中含有大量有毒有害物质直接或间接地进入地下、地表水系,造成水系污染,危及人畜饮水,污染农作物。阳新县车桥村红土型金矿采选活动造成周边土壤污染,农作物也受到影响(图 3-3-5)。

图 3-3-5　阳新县红土型金矿违规开采对环境破坏的影像图

第四节　矿山环境恢复治理

一、总体情况

2018 年湖北省正在利用的矿山面积 19 069.42hm²,占全省矿山用地总面积 57.70%;废弃矿山面积 11 846.2hm²,占全省矿山用地总面积的 35.84%;矿山环境恢复治理面积 2 135.2hm²,占全省矿山用地总面积 6.46%。具体情况如图 3-4-1 所示。

与 2017 年相比,2018 年全省正在利用面积增多 252.34hm²,同比增长 1.34%;关闭和废弃矿山面积增加 842.82hm²,同比增长 7.66%;恢复治理面积增加 1 209.79hm²,同比增长 130.73%。其中恢复治理面积增幅最大,2018 年为 2017 年的 2 倍(图 3-4-2,表 3-4-1)。

2018 年湖北省正在开发利用矿山面积减少,矿山环境恢复治理、关闭废弃矿山占地面积显著增多的现象与当前"大力发展生态文明建设"政策方针,习近平总书记提出的"不搞大开发,共抓大保护"新形势相吻合,且与新一轮湖北省矿产资源总体规划要求密切相关。

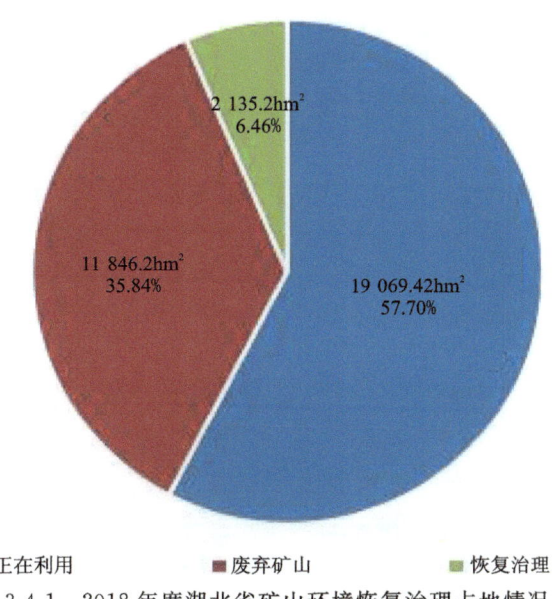

图 3-4-1　2018 年度湖北省矿山环境恢复治理占地情况

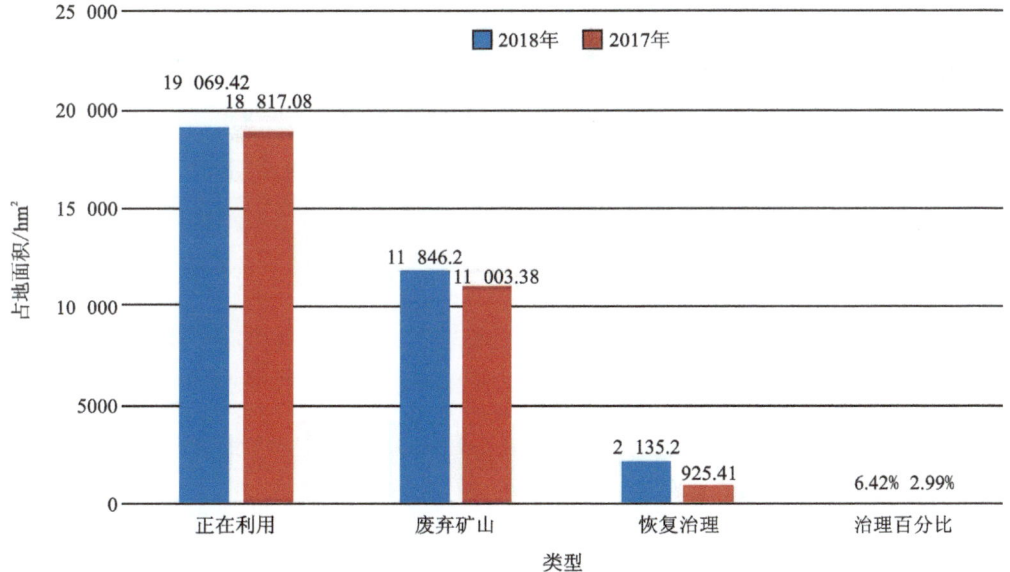

图 3-4-2　湖北省矿山环境恢复治理占地情况 2017—2018 年对比图

表 3-4-1　湖北省矿山环境恢复治理占地情况 2017—2018 年对比表

类型	2018 年	2017 年	2017—2018 年变化	变化比
正在利用/hm²	19 069.42	18 817.08	252.34	增加 1.34%
废弃矿山/hm²	11 846.2	11 003.38	842.82	增加 7.66%
恢复治理/hm²	2 135.2	925.41	1 209.79	增加 119.88%
治理百分比/%	6.42	2.99	3.42	增加 130.73%

《湖北省矿产资源总体规划(2015—2020年)》中提出矿业转型升级与绿色发展,坚持节约优先,按照生态文明建设要求,建设国土资源节约集约示范省,大力推进矿产资源勘查开发的节约与综合利用,构建国家、省、市县绿色矿山体系,实现矿业绿色发展。

因此湖北省自2016年起大力整顿关闭非法违法开采、不具备安全生产条件、污染破坏生态环境以及工艺技术装备落后、不符合产业发展政策的各类小矿山;截至2018年分三年逐步关闭所有煤矿(2016年关闭158家),实现全省矿山总量显著减少,规模结构明显改善逐步形成以大型矿业集团为主体、大中小型矿山协调发展的矿产开发新格局。

二、矿山分布特征

2018年湖北省正在利用的矿山总面积为19 069.42 hm²,主要集中在随州市、黄石市、黄冈市、荆门市和宜昌市,与2017年一致。这也比较符合湖北省地质背景和矿产资源分布特点,与湖北省重点矿集区的地理位置相吻合:鄂东南多金属矿区主要在黄石市大冶市和阳新县;荆襄磷矿区和荆门煤矿区主要在荆门市;鄂西煤矿区和宜昌磷矿区主要分布在宜昌市;随州市随县和黄冈市麻城市则以花岗岩开采为主。

2018年湖北省废弃矿山总面积为11 846.2 hm²。废弃矿山占地面积比较大的地级市主要在黄石市、十堰市:黄石市多金属矿山开采历史悠久,历来是国家重要的铁铜多金属矿产地,因此废弃矿山数量较多,占地较大;十堰市废弃矿山占地多主要由于近年政府对矿产开发秩序的整顿和治理,加上受到铁矿石价格较低、钢铁行业不景气的影响,鄂西北地区探矿权内开采超贫磁铁矿的现象得到遏制,基本上都已废弃(图3-4-3,表3-4-2)。

表3-4-2　2018年度湖北省矿山环境恢复治理占地情况统计表

序号	地级市	正在利用/hm²	废弃矿山/hm²	暂停开采/hm²	恢复治理/hm²	治理百分比/%
1	武汉市	423.58	642.36	0	559.09	34.40
2	黄石市	1 874.19	2 737.85	0	292.9	5.97
3	十堰市	734.27	1 229.76	0	216.6	9.93
4	宜昌市	2445	575.46	4.35	56.58	1.84
5	襄阳市	1 679.1	899.19	23.91	24.99	0.95
6	鄂州市	265.28	209.18	0	36.39	7.12
7	荆门市	1 844.63	1 179.39	95.22	139.09	4.27
8	孝感市	423.81	957.53	0.41	119.86	7.98
9	荆州市	307.4	161.76	6.75	257.52	35.11
10	黄冈市	2 837.91	958.7	0	86	2.22
11	咸宁市	1 216.45	956.54	0	87.56	3.87
12	随州市	3 057.46	485.39	0	0	0
13	恩施土家族苗族自治州	1 837.26	507.72	0	0.74	0.03
14	省直辖行政区	123.08	345.37	0	257.88	35.50
	合计	19 069.42	11 846.2	130.64	2 135.2	6.43

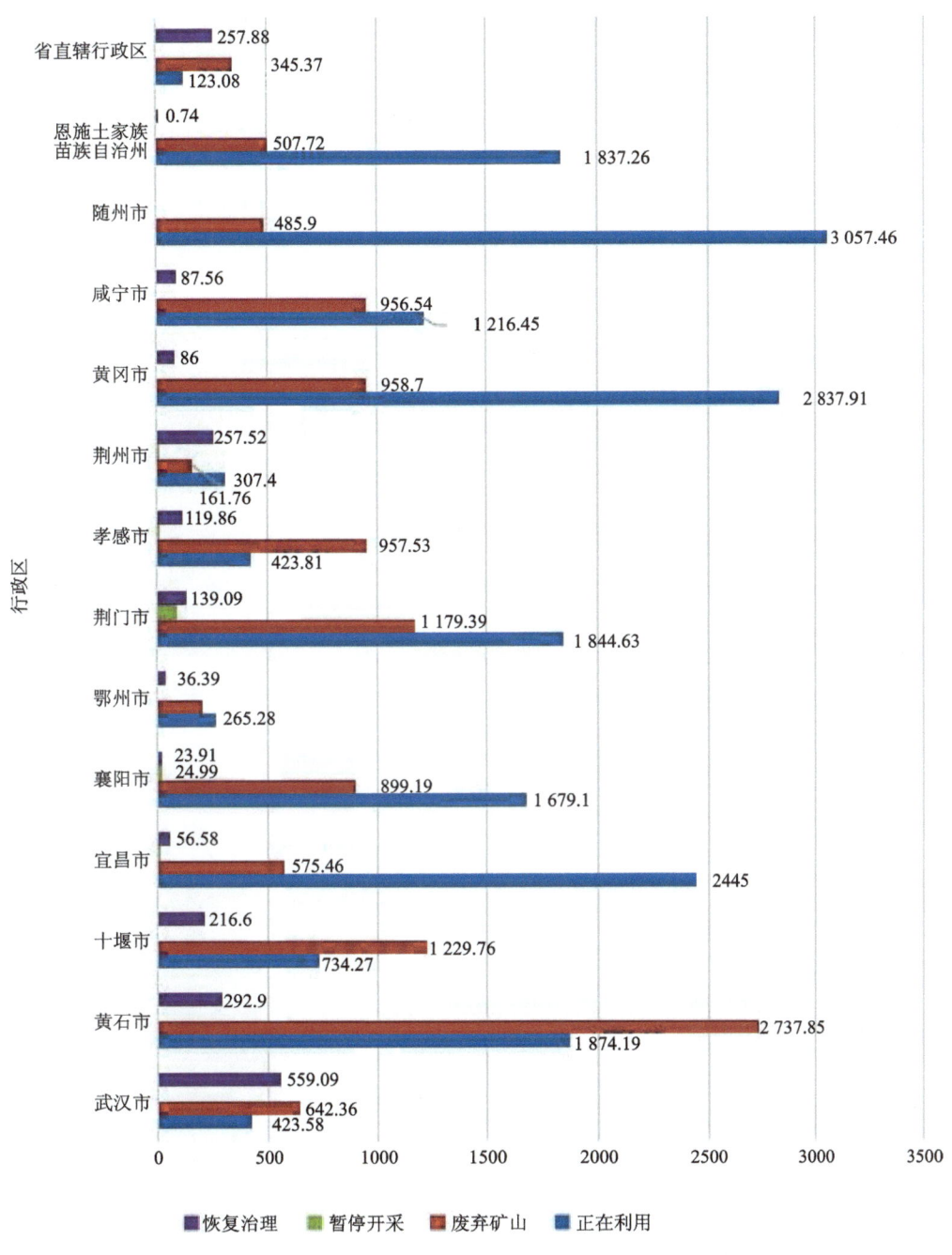

图 3-4-3 2018 年度各地级市及省直辖行政区矿山环境开发及恢复治理占地情况

三、恢复治理分布特征

2018 年湖北省矿山环境恢复治理面积为 2 135.2hm², 2017 年湖北省矿山环境恢复治理工程面积为 925.41hm²。相比 2017 年,2018 年增加了 1 209.79hm²。其中,恢复治理面积排名靠前地市有武汉市559.09hm²、黄石市292.9hm²、荆州市257.52hm²。湖北省各市环境恢复治理面积如表3-4-3所示。

表 3-4-3 2018年度湖北省矿山环境恢复治理面积统计表

序号	地级市	恢复治理面积/hm²	治理百分比/%
1	武汉市	559.09	26.18
2	黄石市	292.9	13.72
3	十堰市	216.6	10.14
4	宜昌市	56.58	2.65
5	襄阳市	24.99	1.17
6	鄂州市	36.39	1.70
7	荆门市	139.09	6.51
8	孝感市	119.86	5.61
9	荆州市	257.52	12.06
10	黄冈市	86	4.03
11	咸宁市	87.56	4.10
12	随州市		
13	恩施土家族苗族自治州	0.74	0.03
14	省直辖行政区	257.88	12.08
	合计	2 135.2	

荆州市地处江汉平原地区，区域大多数地区为第四纪地层，开采矿种基本为砖瓦用黏土，自2012年起，全国在县城城区开展禁止使用实心黏土砖工作，采取有效措施推进实心黏土砖厂关停、转产。工作重点由禁止使用向禁止生产转移，使用替代实心黏土砖的优质新型墙体材料。截至2018年，荆州市内绝大部分砖瓦厂已停止生产，关闭和废弃；废弃的开采面和中转场通过自然恢复和人工治理恢复成坑塘或耕地。其中监利县矿山恢复治理面积为215.65hm²，恢复治理比例为82.28%，恢复治理比例在湖北省排第二。

仙桃市为湖北省直辖县级市，同时也是江汉平原中心城市。2012年之前有29处砖瓦用黏土矿权；截至2018年，砖瓦用黏土矿已全部关闭或废弃，绝大部分已恢复治理，面积为179.99hm²，治理百分比为84.77%，恢复治理比例在湖北省排第一。

图3-4-4为仙桃市长埫口镇田李砖瓦厂砖瓦黏土矿恢复治理遥感监测图，该砖瓦厂矿业权开采许可证于2012年1月26日到期，后关闭废弃，通过遥感影像可以观察到曾经的露天采坑已自然恢复为坑塘水面。

武汉市是湖北省省会城市，也是湖北省矿山环境恢复治理的重点区域和示范区域。《武汉市矿山环境保护与治理规划（2007—2020年）》中指出：2016—2020年，新建矿山应做到边开采、边复垦，复垦率达到90%以上，历史遗留矿山土地复垦率达60%以上。进一步加强重要城镇周边、风景名胜区、交通干线两侧及历史文化保护区露天开采矿山景观修复，矿山闭坑

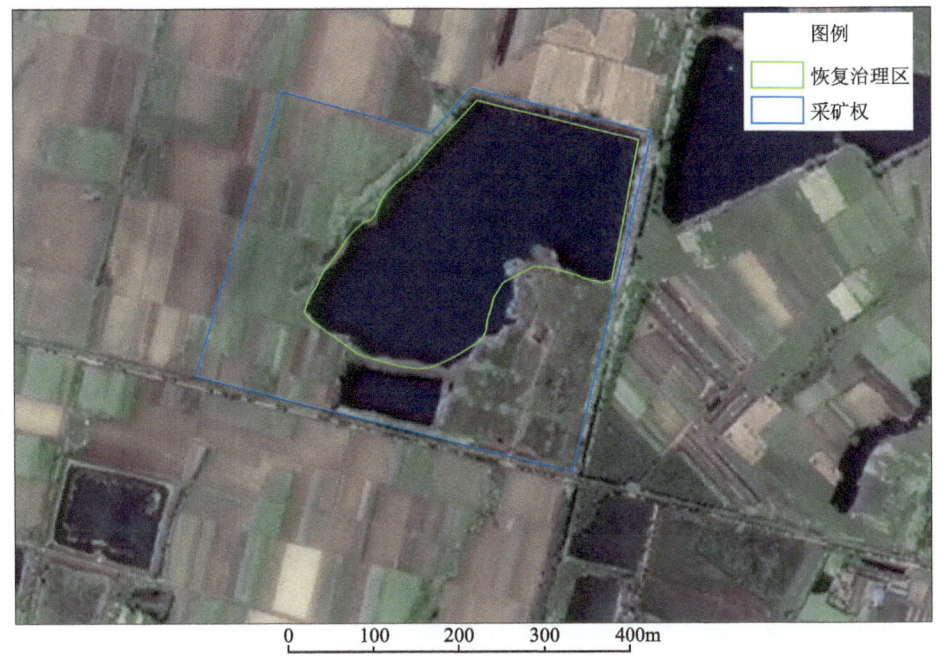

图 3-4-4　仙桃市长埫口镇田李砖瓦厂砖瓦黏土矿自然恢复治理遥感监测图

后复垦还绿率达到 80%,矿山生态环境全面好转。截至 2018 年,武汉市矿山环境恢复治理总面积为 559.09hm²,恢复治理面积排全省第一,其中,武汉市矿山地质环境治理示范区之一——江夏区矿山恢复治理面积 294.99hm²,在全省县级行政单位排第一。

图 3-4-5、图 3-4-6 为武汉市蔡甸区大集街龙泉采石厂恢复治理工程点,可以看到明显的植树绿化行动,地表植被已逐渐恢复。

图 3-4-5　武汉市蔡甸区大集街龙泉采石厂恢复治理工程(2016 年 GF2 影像)

图 3-4-6　武汉市蔡甸区大集街龙泉采石厂恢复治理工程（2017年GF2影像）

图 3-4-7 为武汉市蔡甸区夈山街丘林村采石厂、武汉市蔡甸区夈山街丘林村采石二厂、武汉市蔡甸区大集街伏牛村双全采石厂 3 个采石场恢复治理遥感监测图，3 家采石场采矿许可证均于 2011 年 4 月 30 日到期。从 2017 年遥感影像中可明显观察到，废弃矿山底部已变成坑塘水面；矿山开采面已进行边坡削坡整治，消除了高陡边坡的不稳定性及地质灾害隐患，在影像上呈规则的阶梯线状；新的边坡上采取了绿化措施，进行了植被恢复。

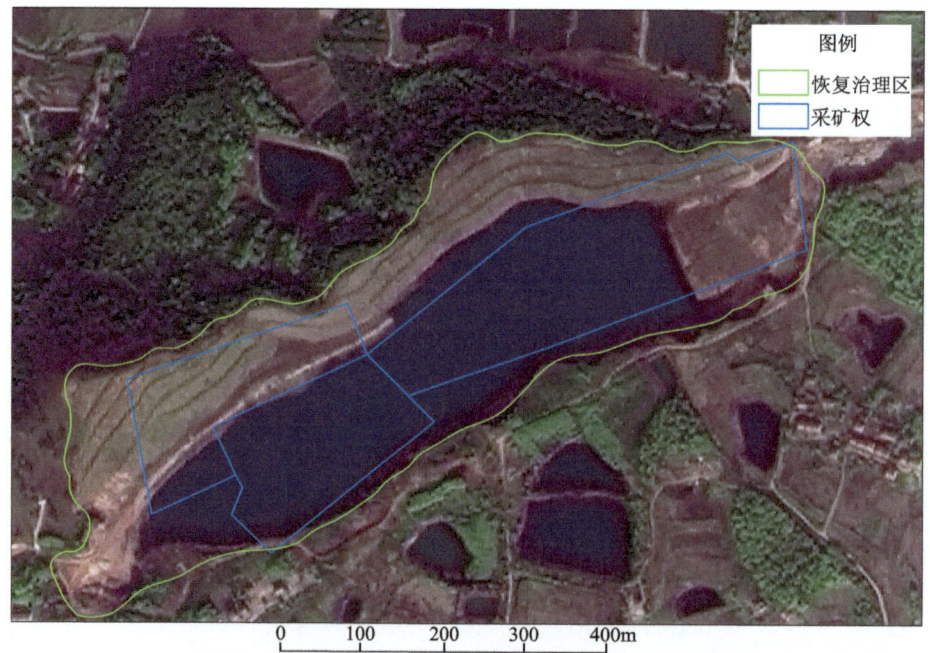

图 3-4-7　武汉市蔡甸区采石场恢复治理遥感监测图

图 3-4-8～图 3-4-10 是武汉市江夏区十月村石灰岩矿恢复治理工程点遥感监测变化图。十月矿区位于武汉市江夏区,南起八分山村,北至黄金桥一带,南北长 2.5km,东西宽 1.6km。矿区地貌为低丘陵,开采矿种为石英砂岩,开采方式为露采。矿区于 1983 年开采,主要包括蛇山采石厂、乌龟山采石厂、远贵采石厂、田忠采石厂、运德采石厂等。经过多年的开采,矿区原有的优美自然景观已不复存在,取而代之的是险峻陡峭的基岩边坡及遍地堆积的废料、废渣。十月矿区采场经历多年的开采,对地方经济发展和财政收入做出了巨大的贡献,但在开发利用矿产资源的同时,也造成了不稳定斜坡地质灾害、山体破损、地形地貌破坏及大量土地破坏荒废等诸多环境地质问题。

图 3-4-8 为十月矿区 2006 年遥感监测影像,当时该露天矿区并未进行恢复治理。

图 3-4-8　武汉市江夏区十月村石灰岩矿恢复治理工程(2006 年 SPOT-5 影像)

图 3-4-9 的 2015 年影像中,可以看到矿区开始削坡堆土、平整场地,其中图斑中部、西南部区域还未开展恢复治理。

图 3-4-9　武汉市江夏区十月村石灰岩矿恢复治理工程(2015 年 YG24 影像)

图 3-4-10 的 2017 年影像中,可观察露天开采面进一步削方减载、回填压脚、植生袋挡墙相结合的综合治理措施,并覆土绿化,进行植被恢复,达到美化环境的效果。整个矿区可见明显成排的植被,已逐步复绿。工程消除了地质灾害隐患,增加了建设用地、林地,完成了山体复绿。

图 3-4-10　武汉市江夏区十月村石灰岩矿恢复治理工程(2017 年 GF2 影像)

黄石市是湖北省矿山占地面积最多的市,也是湖北省重要的老工业和矿业基地。该地区铁矿铜矿开采年限久远,同时产生大量尾矿库和固体废弃物,恢复治理任务也十分艰巨。2017 年度黄石市恢复治理面积 292.9hm²。部分矿山恢复治理工程开展较好。图 3-4-11、图 3-4-12 为黄石市铁山区 120—150 工矿地恢复治理点,该点是国土资源部批准的矿山环境恢复治理示范工程,将废弃矿石堆场改造为光伏发电场地,在节能减排、工矿废弃地利用等方面起到了积极的促进与示范作用。

图 3-4-11　黄石市铁山区 120—150 工矿地恢复治理工程遥感图

图 3-4-12　黄石市铁山区 120—150 工矿地恢复治理工程现场照片

第五节　矿山恢复治理及开采损毁土地动态变化遥感监测

一、矿山开采损毁土地动态变化情况

经 2018 年度遥感解译调查统计,湖北省共计新增矿山开采损毁土地面积 848.05hm²,详情见表 3-5-1 和图 3-5-1。按增加的矿山开采损毁土地面积总和来计算:襄阳市增加最多,为 129.74hm²,占总新增矿山开采损毁土地面积的 15.30%;其次为宜昌市,为 119.08hm²,占总新增矿山开采损毁土地面积的 14.04%;第三位是随州市,为 100.52hm²,占总新增矿山开采损毁土地面积的 14.51%;第四位是恩施土家族苗族自治州,为 91.60hm²,占总新增矿山开采损毁土地面积的 11.88%;第五位是荆门市,为 67.21hm²,占总新增矿山开采损毁土地面积的 7.93%;第六位是黄石市,为 66.42hm²,占总新增矿山开采损毁土地面积的 7.83%。其后依次为十堰市 65.90hm²,黄冈市 58.21hm²,咸宁市 45.97hm²,荆州市 45.20hm²,孝感市 21.85hm²,鄂州市 6.99hm²。

按矿种来统计,新增最多的为建材及其他非金属矿产,共计增加 677.56hm²,占总新增矿山开采损毁土地面积的 79.90%;其次为化工原料非金属矿,增加 66.82hm²,占总新增矿山开采损毁土地面积的 9.63%;第三位为黑色金属矿产,增加 54.02hm²,占总新增矿山开采损毁土地面积的 7.78%;第四位为有色金属金属矿产,增加 22.04hm²,占总新增矿山开采损毁土地面积的 3.18%;第五位为能源矿产,增加 17.17hm²,占总新增矿山开采损毁土地面积的 2.47%;最后一位为冶金辅助非金属矿产,增加 10.45hm²。

表 3-5-1　湖北省 2017 年度各地级市新增矿山开发损毁土地面积情况统计表

行政区域	能源/hm²	黑色金属/hm²	有色金属/hm²	冶金辅助原料/hm²	化工原料/hm²	建材及其他非金属	合计/hm²	占比/%
武汉市				3.04		4.03	7.07	1.02
黄石市	1.12	26.14	16.50			22.66	66.42	9.57
十堰市	0.17	3.91			6.40	55.42	65.90	9.50
宜昌市	5.62	7.80	0.27	1.08	23.45	80.86	119.08	17.16
襄阳市	0.38	8.74			9.95	110.67	129.74	18.70
鄂州市		1.51	4.62			0.86	6.99	1.01
荆门市	0.96		0.64		4.52	61.09	67.21	9.68
孝感市					5.66	21.85	27.51	3.96
荆州市	4.56				1.79	38.85	45.20	6.51
黄冈市				2.71		55.50	58.21	8.39
咸宁市	1.42				3.62	40.94	45.98	6.62
随州市		1.82			1.68	97.22	100.72	14.51
恩施土家族苗族自治州	2.94	4.10			4.85	79.71	91.60	13.20
省直辖行政区					8.52	7.90	16.42	2.37
合计	17.17	54.02	22.04	10.45	66.82	677.56	848.05	100

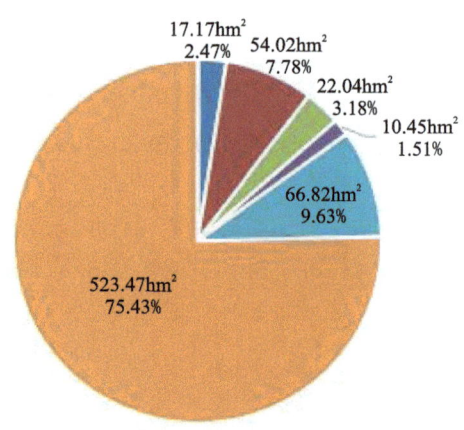

图 3-5-1　湖北省分矿种新增矿山损毁土地情况

二、新增恢复治理动态变化情况

经 2018 年度遥感解译调查统计,湖北省共计新增矿山恢复治理面积 967.83hm²,见

表 3-5-2 和图 3-5-2。其中省直辖行政区新增恢复治理面积最大,为 206.30hm²,占新增恢复治理总面积 21.77%;其次为荆州市,新增恢复治理面积为 206.02hm²,占新增恢复治理总面积 21.74%;第三位是武汉市,新增恢复治理面积为 109.52hm²,占新增恢复治理总面积 11.55%;第四位是黄石市,新增恢复治理面积为 99.02hm²,占新增恢复治理总面积 10.45%;第五位是十堰市,新增恢复治理面积为 92.82hm²,占新增恢复治理总面积 9.79%。

表 3-5-2　湖北省 2016—2017 年新增矿山恢复治理面积统计表　　单位:hm²

行政区域	当年新增的矿山生态环境恢复治理后的土地						
	总面积	耕地	园地	林地	草地	水域	其他
武汉市	109.52	1.29	0	50.42	0	0	57.81
黄石市	99.02	0	0	97.81	0	0	1.21
十堰市	92.82	0	0	92.82	0	0	0
宜昌市	9.26	0	0	9.26	0	0	0
襄阳市	0.76	0	0	0.76	0	0	0
鄂州市	14.42	0	0	6.75	0	0	7.67
荆门市	70.78	0	0	32.05	0	5.29	33.45
孝感市	89.08	2.60	0	33.02	0	17.31	36.15
荆州市	206.02	44.87	0	20.17	0	107.66	33.31
黄冈市	31.50		0	31.50	0	0	0
咸宁市	37.74	2.56	5.02	30.16	0	0	0
恩施土家族苗族自治州	0.59	0	0	0.59	0	0	0
省直辖行政区	206.30	60.43	0	25.44	33.45	78.10	8.88
合计	967.83	111.75	5.02	430.75	33.45	208.37	178.48

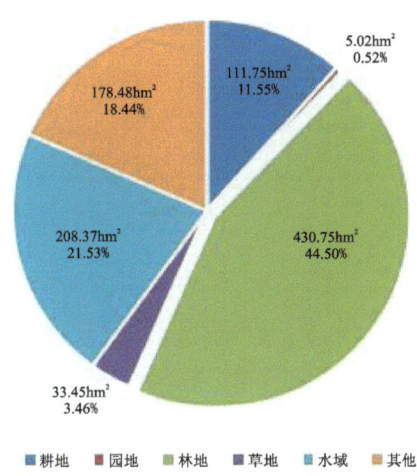

图 3-5-2　湖北省 2016—2017 年矿山新增恢复治理后土地类型分类

按照恢复治理后的土地类型划分来看,恢复治理后林地面积最多,为 430.75hm²,占新增恢复治理面积 44.50%;恢复治理后水域面积排第二,为 208.37hm²,占新增恢复治理总面积 53%。

三、矿山环境恢复治理净增长动态变化情况

经 2018 年度遥感解译调查统计,利用湖北省 2018 年矿山环境恢复治理面积减去湖北省 2018 年矿山开采损毁土地面积,得到湖北省 2018 年矿山环境恢复治理净增长面积 119.78hm²,详见表 3-5-3。其中净新增恢复治理面积最大的是荆州市,增加了 160.82hm²;第二位是仙桃市,净新增恢复治理面积为 142.39hm²;第三位是武汉市,增加了 102.45hm²。

2018 年度湖北省的环境恢复治理面积,总体上呈增加的态势,实现了边开采边恢复治理积。但也有个别地区开发损毁土地面积大于环境恢复治理面积,在加大开发的同时也应注重恢复治理,使人与自然和谐相处,实现可持续发展。

表 3-5-3　湖北省 2018 年矿山环境恢复治理净增长统计表　　　　单位:hm²

行政区划	恢复治理面积	损毁土地面积	净增治理面积
武汉市	109.52	7.07	102.45
黄石市	99.02	66.42	32.60
十堰市	92.82	65.90	26.92
宜昌市	9.26	119.08	－109.82
襄阳市	0.76	129.74	－128.98
鄂州市	14.42	6.99	7.43
荆门市	70.78	67.21	3.57
孝感市	89.08	27.51	61.57
荆州市	206.02	45.20	160.82
黄冈市	31.50	58.21	－26.71
咸宁市	37.74	45.98	－8.24
随州市	0	100.72	－100.72
恩施土家族苗族自治州	0.59	91.60	－91.01
仙桃市	142.39	0	142.39
潜江市	30.13	0	30.13
天门市	33.78	2	31.78
神农架林区	0	14.42	－14.42
合计	967.83	848.05	119.78

第六节 矿山复绿行动进展

一、复绿工程概况

近年来,我国矿山地质环境保护各项制度日臻完善,治理力度不断加大,矿山地质环境逐步得到改善。但社会经济快速发展对矿产资源高强度开发的客观需求仍然存在,同时大量历史遗留的矿山地质环境问题未得到全面治理,我国矿山地质环境保护工作形势仍很严峻,许多现存的地质环境问题亟待解决。为了进一步推进矿山地质环境保护工作,加大治理恢复力度,突出治理效果,国土资源部办公厅下发了《关于印发〈全国"矿山复绿"行动方案〉的通知》(国土资厅发〔2012〕36号)(以下简称"《通知》")。

"矿山复绿"是指通过采取工程、生物等措施,对采矿活动引起的矿山地质环境问题进行综合治理,使地质环境达到稳定、生态得到恢复、景观得到美化的过程。"矿山复绿"行动中涉及土地复垦的,按照土地复垦的有关规定执行。

根据《通知》要求,本次湖北省"矿山复绿"实施的区域,主要包括湖北省境内重要自然保护区、景观区、居民集中生活区范围及周边,重要的交通干线、河流湖泊直观可视范围(简称"三区两线")。"三区"主要指重要的自然保护区、景观区、居民集中生活区范围及周边;"两线"主要指重要的交通干线,河流湖泊的直观可视范围。其中,重要自然保护区是指省级以上自然保护区;重要景观区是指省级以上地质公园、矿山公园、风景名胜区、森林公园以及历史文化保护区;重要居民集中生活区指县级以上城市规划区内及重要乡镇所在地;重要交通干线指Ⅰ级、Ⅱ级铁路和国家及地方高速公路、国道、省道;重要河流湖泊是指二级以上通航河道、重要湖泊、大型水库。

二、复绿工程总体部署

此次矿山复绿工程行动中湖北省共调查了610个矿山,调查总面积17 034.84 hm^2。调查区位包括京广澳国家高速、沪蓉高速、汉十高速、武荆高速、武广客运专线、京广铁路、汉宜铁路、武当山国家地质公园、三峡水库库区、长江流域、武汉城市圈等,基本摸清了区内各个矿山的地质环境现状,明确了需要治理的方向。

按照"因地制宜、突出重点、先易后难、注重实效"的原则,在2013年完成对居民生产生活有严重影响和重要交通沿线周边地形地貌景观破坏严重的矿山进行治理,2014年对省内铁路(高速铁路)、高速公路沿线可视范围内矿山进行复绿治理,2015年完成国道、县城及居民集中区周边的矿山复绿治理,2016—2020年度安排余下省道周边矿山点矿山复绿治理工作,湖北省"三区两线"矿山复绿行动具体情况见表3-6-1。

表3-6-1 湖北省"三区两线"矿山复绿行动调查工作一览表

序号	地区名称	调查矿山点/个	调查面积/hm^2	影响对象
1	武汉市	30	3 206.3	S104省道、汉宜高速、G318国道、京珠高速、京广铁路
2	黄石市	30	1 801.73	居民集中区、景区、风景名胜区、高速公路、G106国道、武九铁路及长江航道

续表 3-6-1

序号	地区名称	调查矿山点/个	调查面积/hm²	影响对象
3	黄冈市	64	1 117.742	武英高速、黄-合高速公路、北(京)-九(龙)铁路、景区及国道等交通干线
4	鄂州市	12	425.43	城市规划区内,武黄高速
5	咸宁市	31	297.48	S208 和 S209 省道、G107 国道、杭瑞高速
6	荆州市	8	68.492 8	S225 省道、景观
7	荆门市	129	1 500.00	武荆高速、襄荆高速、G207 国道、S311 省道及重点风景区、城镇集中居民点
8	宜昌市	28	348.63	三峡库区航道、黄柏河流域、沪蓉西高速公路、G318 国道、G209 国道、S250 省道
9	恩施土家族苗族自治州	130	3000	自然保护区、地质公园、矿山公园、风景名胜区、居民集中生活区、城市规划区、国家公路、省公路、通航河道、重要湖泊、大型水库
10	随州市	13	95.61	随岳高速等高速公路及 G316 国道等
11	孝感市	48	407.68	京珠高速、武荆高速以及风景名胜区
12	襄阳市	24	3 310.432	自然保护区、景观区、居民集中生活区周边和重要交通干线、河流湖泊直观可视范围
13	十堰市	60	1 214.01	自然区、景观区、居民集中生活区的周边和重要交通干线、河流湖泊直观可视范围
14	潜江市	3	244	规划居民区、曹禺纪念公园北西侧、G318 国道
	合计	610	17 034.84	

三、2016—2018 年矿山复绿完成情况

根据湖北省国土资源厅发布的《湖北省"矿山复绿"行动实施方案》,2016—2020 年需完成省内省道沿线周边共计 344 个矿山点的整治与复绿工作。矿区面积 7 781.55 km²,复绿面积 2 494.10 km²,工程措施主要采用锚固、挡土墙、削方减载、截水沟、排水工程、监测等治理措施,生态恢复措施主要是采用覆土植草、植树等措施。完成实物工作量详见表 3-6-2。

表 3-6-2　2016—2020 年度矿山复绿行动工作安排表

地区名称	点数/个	复绿面积/km²	复绿措施	工程量部署
黄石市	2	7.17	挡墙、截排水沟、植树	挡墙长度 1800m、截排水沟长度 1500m、植树 2500 株
黄冈市	28	187.02	挡墙、截排水沟、植树	挡墙长度 39 000m、截排水沟长度 33 000m、植树 63 000 株
恩施土家族苗族自治州	86	103.29	挡墙、截排水沟、植树	挡墙长度 24 000m、截排水沟长度 22 500m、植树 32 500 株
荆门市	105	905.76	挡墙、截排水沟、植树	挡墙长度 188 600m、截排水沟长度 143 800m、植树 280 000 株
荆州市	5	110.50	危岩体清除、坡面整形、排水沟、拦渣坝、植被绿化	清方工程 5000m³、坡面整形 8000m²、截排水沟长度 20 000m、拦渣坝 1900m³、植树 17 700 株
潜江市	1	200.00	地貌景观修复、植被绿化	污染土清运填埋 1.2 万 m³、坡面整形 9 万 m³，块石护坡 3 万 m³，平整土地 20 万 m³、道路恢复 4000m，栏杆工程 4000m、植树植草 4 万 m²
十堰市	30	444.36	挡墙、截排水沟、植树	挡墙长度 71 000m、截排水沟长度 78 000m、植树 150 000 株
随州市	8	52.80	削方整形，植树绿化	削方 5400m³、植树种草 35 200.02m²
咸宁市	26	124.27	挡墙、截排水沟、植树	挡墙长度 28 300m、截排水沟长度 28 500m、植树 38 000 株
襄阳市	14	93.96	挡墙、截排水沟、植树	挡墙长度 20 000m、截排水沟长度 19 500m、植树 27 500 株
孝感市	24	151.58	挡墙、截排水沟、植树	挡墙长度 33 300m、截排水沟长度 31 500m、植树 45 000 株
宜昌市	15	113.39	挡墙、截排水沟、植树	挡墙长度 21 700m、截排水沟长度 23 500m、植树 34 000 株
合计	344	2 494.10		

目前，2018 年度湖北省矿山"复绿工程"遥感监测本底影像均已制作完成，明确了需复绿矿山的位置、范围及复绿内容。根据实地调查以及结合影像，发现矿山"复绿工程"执行缓慢。2018 年度比 2016 年度新增了 6 个已采取相关治理措施复绿矿山，其中十堰市竹溪县 1 个、孝感市大悟县 1 个、荆门市东宝区 2 个、钟祥市 2 个。2018 年湖北省开展复绿工程的矿山见表3-6-3。

表 3-6-3　2018 年开展"矿山复绿"行动的矿山

序号	地级市	县(市、区)	矿山编号	矿山名称	已采取的措施
1	十堰市	竹溪县	420324005	水坪镇黄龙庙儿沟石灰石矿	植被绿化
2	孝感市	大悟县	420922009	阳平镇余家湾矿区建筑用大理岩矿	地灾防治、地貌景观修复、植被绿化
3	荆门市	东宝区	420802015	襄沙石料厂	植被绿化
4	荆门市	东宝区	420802016	金泉兰大建材有限公司石料厂	植被绿化
5	荆门市	钟祥市	420881006	胡集镇丽阳砖瓦厂	地灾防治、植被绿化
6	荆门市	钟祥市	420881024	朱长金石料厂	地灾防治、植被绿化

图 3-6-1 为竹溪县水坪镇黄龙庙儿沟石灰石矿的复绿情况。该矿权于 2012 年 6 月 8 日到期，开采矿种为建筑石料用灰岩。对比 2016 年和 2017 年两期影像可以明显看到，该处废弃矿区开展了边坡治理和植被绿化，矿区已完成复绿。

图 3-6-1　竹溪县水坪镇黄龙庙儿沟石灰石矿复绿工程点

图 3-6-2 为东宝区金泉兰大建材有限公司石料厂复绿工程点。该矿山开采矿种为制灰用灰岩,闭坑时间为 2007 年 12 月 19 日,通过两年影像对比,可见该矿区进行了土地平整工作,植被栽种整齐有序,复绿效果良好。图 3-6-3、图 3-6-4 为钟祥市胡集镇丽阳砖瓦厂复绿工程点,该砖瓦厂闭坑时间为 2010 年 12 月 18 日,通过两年影像对比可见,矿区进行了场地平整和植被绿化。

图 3-6-5、图 3-6-6 为钟祥市朱长金石料厂复绿工程点。该石料厂开采矿种为建筑石料用灰岩,闭坑时间为 2010 年 10 月 12 日。该复绿工程点进行了地貌修复和植被绿化,通过近两年影像可以看到,矿区已完全复绿。

图 3-6-7、图 3-6-8 为钟祥市东桥镇玉生石料厂。该石料厂上报闭坑时间为 2010 年 10 月 20 日,治理年度为 2015 年,验收时间为 2016 年 12 月 8 日。该矿未进行任何复绿治理工作,仍然在矿权界线外持续违法开采。

图 3-6-2 东宝区金泉兰大建材有限公司石料厂复绿工程点

图 3-6-3 钟祥市胡集镇丽阳砖瓦厂复绿工程点(2016 年 SJ9 影像)

图 3-6-4 钟祥市胡集镇丽阳砖瓦厂复绿工程点(2017 年 SPOT7＋ZY3 影像)

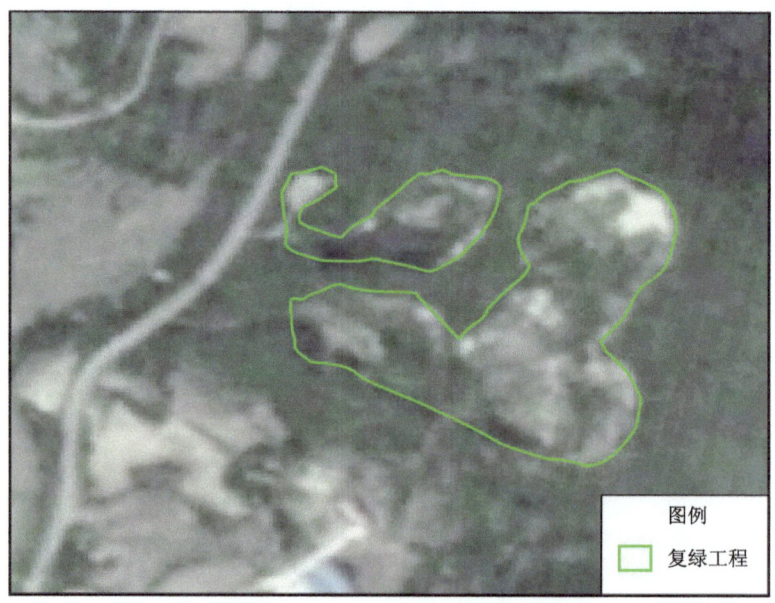

图 3-6-5 钟祥市朱长金石料厂复绿工程点(2016 年 SJ9 影像)

图 3-6-6　钟祥市朱长金石料厂复绿工程点(2017 年 SPOT7+ZY3 影像)

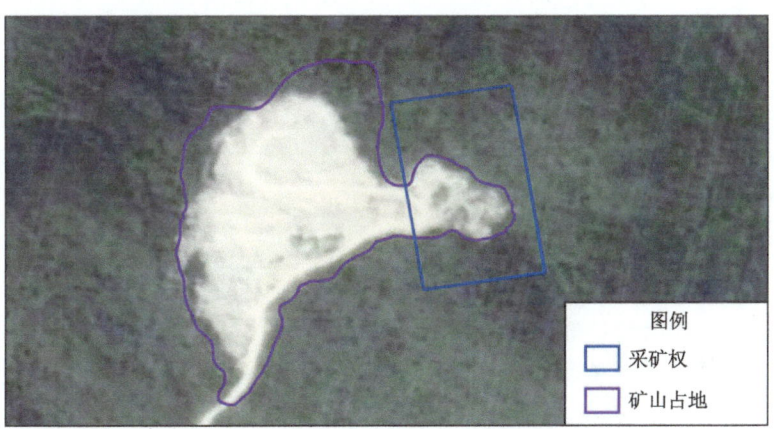

图 3-6-7　钟祥市东桥镇玉生石料厂(2016 年 TH1 影像)

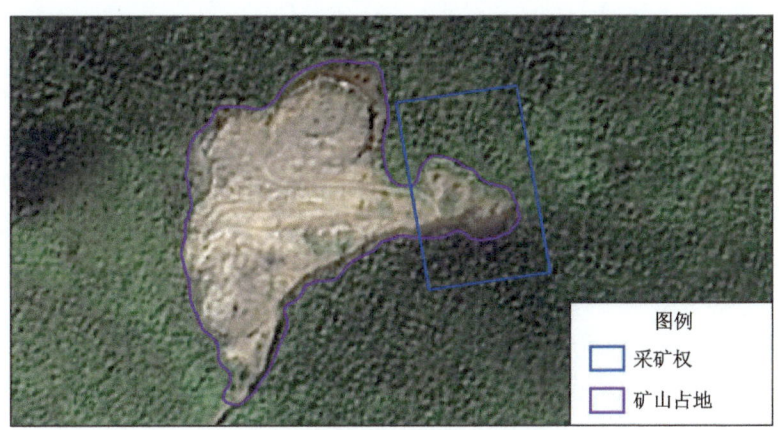

图 3-6-8　钟祥市东桥镇玉生石料厂(2017 年 ZY3 影像)

从整体上来看,湖北省矿山"复绿行动"进度还较滞后,下一步应加强"矿山复绿"工作的宣传和监督管理,健全相应的考核机制,持续推进与落实。

第七节 矿山地质环境评价

矿山地质环境影响评价作为矿山地质环境调查研究的后续工作,是在矿山地质环境调查的基础上,以区域地质环境背景为前提,以矿山开发引起的矿山地质灾害和环境污染为主要评价因素,按照一定的评价标准和原则,选用合适的数学方法,对矿山地质环境影响程度做出定性或定量评价,并对评价结果划分等级,揭示矿山存在的主要地质环境问题。

一、评价指标与方法

由于各种地质因素在不同局部区域的差异性和复杂性,要对整个研究区矿山地质环境做到较为精确评价,需要将整个研究区划分为若干个图元,即评价单元。

目前常用的矿山地质环境评价单元划分方法有 3 种:三角形剖分法、正方形网格划分法和不规则多边形网格划分法。其中正方形网格划分法是按照自然地理单元、行政区划单元将整个评价区分划成有限数量的自然评价单元。由于湖北省面积较大,共 18.59 万 km^2,选用正方形网格划分法较为合适。

矿山地质环境影响评价是一个复杂的系统工程。不同地质环境背景,不同矿产资源工业类型,不同开采加工方式,不同规模、性质矿山企业,以及所处历史不同时期的矿山所导致的主要地质环境问题都不相同。影响矿山地质环境评价结果的因素众多,只有选择全面、正确的影响因子,才有可能保证评价结果的科学性、客观性与可比性。在充分考虑到以遥感方法提取矿山环境信息进行地质环境影响评价时,不可能选取所有影响矿山地质环境的影响因子。

矿山地质环境问题的特征是与开采矿种类型、开采方式及区域地质背景密切相关的。湖北省矿山开发引发的地质灾害(包括地面塌陷、地裂缝及滑坡泥石流),金属矿选矿过程形成的尾矿库占用并破坏土地、植被资源,造成水土污染、各类露天采坑对地形地貌景观的破坏、各类采矿过程中大量固体废弃物和废石的堆积占地等共同构成了研究区的主要矿山地质环境问题。

综合上述因素,结合区域地质环境背景,参考张进德等(2007)在《全国矿山地质环境调查与综合评估技术方法探讨》中列举的关于矿山地质环境共 5 个指标层、18 个影响因子,刘亚川(2008)在《中国西南地区矿产开发及环境地质》中选取的影响因子,王念秦等(2009)在《甘肃矿山生态地质环境现状综合评价分区研究》中对影响因子的选取等,确立评价指标体系。

逐层分解建立矿山地质环境评价系统:第一层为目标层,即矿山地质环境综合评价;第二层将矿山地质环境分为区域地质背景、矿山地质灾害、环境污染和景观破坏 3 个要素层;第三层再把各要素层分解为若干个指标层,即一个要素又可用多个指标来表示。如图 3-7-1 所示,整个矿山地质环境评价体系由 3 个要素、12 个评价指标组成。

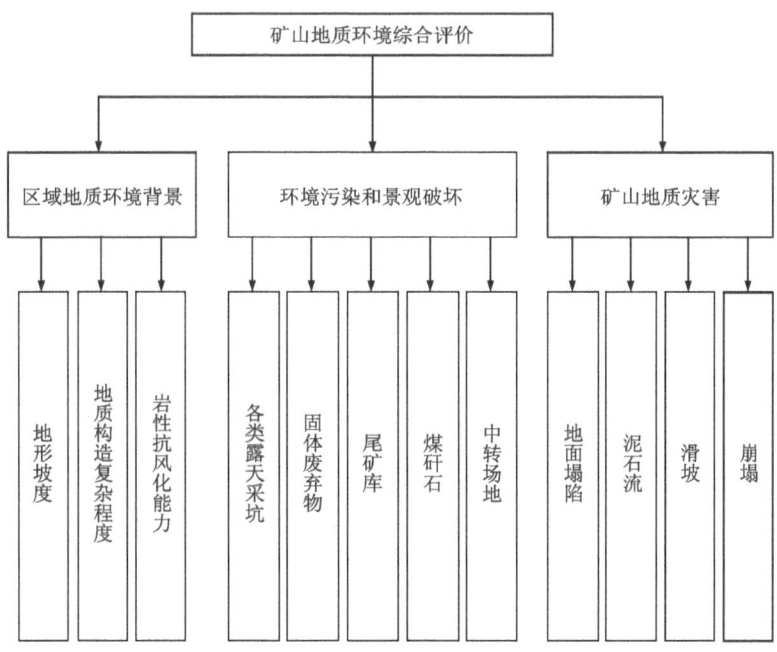

图 3-7-1 矿山地质环境综合评价体系图

（一）指标取值与分级

中国地质调查工作标准《区域环境地质调查总则（试行）》（DD2004-02）指出：区域地质环境调查工作方法，以地面调查和遥感解译为主体，结合 RS、GPS、GIS 等新技术，评价区域地质环境问题时，按地质环境质量指标数值对评价区进行综合性区域地质环境质量等级分区，分区等级统一规定为地质环境质量好、较好、较差、差四级，以此原则将各评价指标等级划分为"好"（Ⅰ级）、"较好"（Ⅱ级）、"较差"（Ⅲ级）和"差"（Ⅳ级）等 4 个等级。该总则原则上适用于比例尺 1∶500 000、1∶100 000 和 1∶250 000 区域性环境地质调查。

各等级赋值标准分值分别为：Ⅰ级 1 分、Ⅱ级 2 分、Ⅲ级 3 分、Ⅳ级 4 分（表 3-7-1）。

表 3-7-1 各评价指标等级赋值标准及加权评定分值等级

参数	好（Ⅰ级）	较好（Ⅱ级）	较差（Ⅲ级）	差（Ⅳ级）
各评价指标等级评定分值	1	2	3	4
要素评定分值	<1.5	1.5～2.5	2.5～3.5	>3.5

依据矿山地质环境调查评价的实地情况，尽量使评价指标等级量化，无法量化的将采用经验或专家打分方法给予赋值。

本次矿山地质环境以评价指标的平均值为基础，结合实际情况，听取有关注专家的意见，采用以下指标等级作为湖北省矿山地质环境评价的依据（表 3-7-2～表 3-7-5）。

表 3-7-2　地形坡度和构造复杂度指标分级标准

评价指标	好（Ⅰ级）	较好（Ⅱ级）	较差（Ⅲ级）	差（Ⅳ级）
地形坡度/(°)	<10 （平原区）	10～25 （较平缓的丘陵区）	25～40 （地形起伏明显的丘陵区和山区）	>40 （地形切割较剧烈的沟壑区）
构造复杂程度/$(km \cdot km^{-2})$	0 （断裂构造极不发育）	0～0.5 （断裂构造不发育）	0.5～1 （断裂构造发育）	1～1.5 （特别发育）

表 3-7-3　地层岩性抗风化能力指标分级标准

分级	分值	地层岩性
好	1	中太古界、中元古界、志留系及中生代花岗岩、中生代闪长岩
较好	2	泥盆系—石炭系
较差	3	二叠系—中三叠统（页岩、灰岩、硅质岩、石煤）
差	4	侏罗系、白垩系、古近系、新近系、第四系

表 3-7-4　环境污染和景观破坏指标分级标准　　　　　　　　　　　　　　　　单位：km^2

评价指标	好（Ⅰ级）	较好（Ⅱ级）	较差（Ⅲ级）	差（Ⅳ级）
露天采坑	<0.002	0.002～0.01	<0.01～0.02	>0.02
尾矿库	<0.01	0.01～0.02	0.02～0.05	>0.05
煤矸石	<0.002	0.002～0.005	<0.05～0.01	>0.01
固体废弃物	<0.005	0.005～0.01	<0.01～0.02	>0.02
中转场地	<0.02	0.02～0.05	<0.05～0.1	>0.1

表 3-7-5　矿山地质灾害指标分级标准　　　　　　　　　　　　　　　　　　单位：km^2

评价指标	好（Ⅰ级）	较好（Ⅱ级）	较差（Ⅲ级）	差（Ⅳ级）
地面塌陷	0	0～0.005	<0.005～0.01	>0.01
滑坡	0	0～0.002	<0.002～0.005	>0.005
崩塌	0	0～0.002	<0.002～0.005	>0.005
泥石流	0	0～0.002	<0.002～0.005	>0.005

（二）要素指标权值（AHP 层次分析）

前面章节矿山地质环境评价指标体系，共选取 3 个要素、12 个评价指标，这些反映矿山地质环境问题的不同要素和指标间相对重要性是不同的，对整体评价的贡献率也不一样。为了将这种权衡轻重区分开来,必须给每一个要素和每一个指标赋予权值。

一、层次分析法(AHP)

权值的确定有很多种方法,目前在环境评价中应用研究相对成熟普遍的方法主要有专家打分法、序列综合法、单因子权因子排序法、多定权因子排序法、数理统计法、层次分析法和熵值法。本次评价采用层次分析法确定评价指标的权值。

使用层次分析法计算权值的基本步骤如下。

(1)建立矿山地质环境综合评价递阶层次结构模型。前面已经建立多层次的矿山地质环境指标体系,参照该模型(图3-7-1)。

(2)选定专家组对各要素、各指标之间的重要程度打分。调查专家组的组成应该是经验丰富的专家。调查的目的是集中专家的群体智慧,对各因素和指标的相对相对重要性进行评估打分。根据打分表,综合构造判断矩阵(表3-7-6)。

表 3-7-6　AHP 比较标度及其含义

标度	含义
1	两个指标对某个属性具有同样重要性
3	两个指标比较,一指标比另一指标稍微重要
5	两个指标比较,一元素比另一指标明显重要
7	两个指标比较,一元素比另一指标重要得多
9	两个指标比较,一元素比另一指标极端重要
2,4,6,8	上述两相邻判断的中值,表示重要性判断之间的过渡性
倒数	两个指标的反比较

(3)构造判断矩阵一致性检验。

2. 要素层权值

本书的矿山地质环境评价指标体系由区域地质环境背景、矿山地质灾害、环境污染和景观破坏3个要素组成。将矿山地质环境要素两两进行重要程度比较,将比较结果以重要性标度值表示(表3-7-7)。

表 3-7-7　要素间相互重要程度

矿山环境评价体系	区域地质环境背景	矿山地质灾害	环境污染和景观破坏
区域地质环境背景	1	1/7	1/5
矿山地质灾害	7	1	3
环境污染和景观破坏	5	1/3	1

通过计算,可以确定要素层各要素的权重值(表3-7-8)。

表 3-7-8　要素层权值

要素层	权值
区域地质环境背景	0.071 9
矿山地质灾害	0.649 1
环境污染和景观破坏	0.279

三、指标层权值

层次分析法的运算过程较为复杂,尤其是要素中包含的指标越多时,计算量越大。本书使用一种层次分析法专用软件 YAAHP 计算要素中各指标的权重值,并检验一致性(表 3-7-9～表 3-7-11)。

表 3-7-9　区域地质环境背景各指标相互重要程度

区域地质环境背景	地形坡度	地质构造复杂程度	地层岩性抗风化能力
地形坡度	1	1/3	3
地质构造复杂程度	3	1	6
地层岩性抗风化能力	1/3	1/6	1

表 3-7-10　矿山地质灾害各指标相互重要程度

矿山地质灾害	地面塌陷	崩塌	滑坡	地裂缝
地面塌陷	1	3	5	7
崩塌	1/3	1	2	4
滑坡	1/5	1/2	1	2
崩塌	1/7	1/4	1/2	1

表 3-7-11　环境污染和景观破坏各指标相互重要程度

环境污染和景观破坏	金属矿尾矿库	煤矸石	灰岩类露天采坑	固体废弃物采坑	砖瓦黏土采坑	中转场地
尾矿库	1	3	5	6	7	9
煤矸石	1/3	1	2	3	5	7
露天采坑	1/5	1/2	1	2	3	5
固体废弃物	1/6	1/3	1/2	1	2	3
中转场地	1/9	1/7	1/5	1/3	1/2	1

使用 YAAHP 软件计算各要素的指标权值并验证一致性。

将各要素权重值和指标权重值结合,得到最终要素指标权重值(表 3-7-12)。

表 3-7-12　湖北省矿山地质环境评价指标权重值

要素层	要素权值	指标层	指标权值	最终权重
区域地质环境背景	0.071 9	地形坡度	0.249 9	0.018 0
		地质构造复杂程度	0.654 8	0.047 1
		地层岩性抗风化能力	0.095 3	0.006 9
环境污染和景观破坏	0.279	尾矿库	0.472 3	0.131 8
		煤矸石	0.227 1	0.063 3
		露天采坑	0.134 3	0.037 5
		固体废弃物	0.083 0	0.023 1
		中转场地	0.031 8	0.008 9
矿山地质灾害	0.649 1	地面塌陷	0.580 6	0.376 9
		崩塌	0.231 8	0.150 5
		滑坡	0.121 3	0.078 7
		泥石流	0.066 3	0.043 0

（三）评价模型

选取合适的数学模型对于矿山地质环境评价是非常关键的。矿山地质环境评价数学模型旨在建立一个可以把区域内存在的各类不同矿山地质环境问题综合严重程度给予定量的评价的方法。目前国内外还没有统一的评价模型，常用的几种方法有指数模型、模糊数学模型、概率统计模型和灰色系统模型。

本次矿山环境综合评价使用指数加权平均法建立评价数学模型，这种方法是目前地质环境评价的主要方法。

单要素评价：

$$P=\sum_{i=1}^{n}F_iW_i$$

式中，P 为要素加权分值；F_i 为要素中各指标的评定等级分值；W_i 为要素中各指标权重值；n 为各要素所含指标个数。

综合评价：

$$V=\sum_{j=1}^{n}P_jW_j$$

式中，V 为矿山地质环境综合加权分值；W_j 为各要素权重值；P_j 为要素加权分值。求解出 V 的值后，即可根据综合加权评定分值确定每一个评价单元的矿山地质环境影响严重程度等级。

二、矿山地质环境综合评价

空间分析是基于地理对象的位置和形态的空间数据的分析技术，其目的在于提取和传输空间信息，是 GIS 中最重要的内容之一。在划分好评价单元、建立评价指标体系、选取数学模型的情况下，利用 ArcGIS 空间分析模块中的叠加分析和插值分析功能，对研究区矿山地质环境影响进行综合评价,并生成矿山地质环境影响评价图。

在完成每个评价单元中各指标和要素的分级后,评价单元的综合评价值。最终得分越高,表示该评价单元矿山地质环境质量越差,影响程度越严重。

GIS插值分析的过程是通过已知采样点的数值来推算未知点的值,插值结果将生成一个连续的表面,在这个连续表面上可以得到每一点的值。

前文已经计算出每一个评价单元的综合评价值,并给每个评价单元划分地质环境质量分级。但是正方形网格的直角边界无法拟合相近地质环境条件(包括相近地形地貌、矿种赋存规律、矿山开发状况等)的界线为界,数据量也不能全部覆盖整个研究区范围。本书利用ArcGIS软件中的栅格插值功能,采用克里格插值(Kriging),将每一个评价单元的综合评价值插值成面状,最终得到研究区矿山地质环境影响评价(图3-7-2)。

其中,严重影响区359.53km^2,较严重影响区4 243.91km^2,一般影响区4.53万km^2,无影响区13.63万km^2,分别占湖北省土地面积的0.19%、2.28%、24.35%和73.18%。可见,湖北省大部分地区矿产资源开发对环境的扰动较弱。

1. 严重影响区

严重影响区数量7个,主要分布在黄石市大冶市、黄石市阳新县、黄冈市麻城市、随州市随县、荆门市钟祥市。涉及矿种主要为铁矿、磷矿和花岗岩。影响最为严重的矿区为荆襄磷矿区,该矿区为全国重要的磷矿生产加工基地,开采历史悠久,开采规模较大,区内存在的主要矿山地质环境问题为地下开采引发的地面塌陷和地裂缝,采矿选矿产生大量固体废弃物破坏压占土地资源,并造成水土流失。其次为鄂东南铁铜多金属矿区,该矿区铁矿,铜矿等多金属矿产资源丰富,开采强度大,为长江中下游重要金属矿集区。该矿区存在的主要矿山地质环境问题为金属矿地下开采造成的地面塌陷、崩塌和滑坡等地质灾害。区内存在众多小型金属尾矿库,不仅破坏压占土地资源,且金属尾矿库内重金属元素对下游土壤和河流造成一定污染。此外,麻城市和随县花岗岩矿集区矿山数量多、开采规模大,开采方式均以露天开采为主,且在矿山企业周边存在大量花岗岩加工选厂,在花岗岩的露天开采过程中的表层剥离、钻孔、爆破、装卸、碎石以及运输等处均可产生扬尘和粉尘,对环境造成极大影响。露天开采面以及固体废弃物占地面积在省内均排名靠前,主要为花岗岩露天开采面及开采过程中产生的固体废弃物堆积占地,同时对地形地貌景观造成严重破坏。此外,花岗岩开采地形较为陡峭,露天开采过程中产生的废石、废渣等松散固体物质多沿山坡随意堆放,在大雨时易顺山坡或沟谷移动,形成泥石流。

2. 较重影响区

较严重影响区数量41个,主要分布在十堰市郧阳区,其次是宜昌市夷陵区、兴山县。涉及的矿种主要是宜昌磷矿区的磷矿和郧阳区的建筑用灰岩矿:宜昌磷矿区为湖北省三大磷矿区之一,磷矿矿产资源丰富,主要存在的矿山地质环境问题为磷矿地下开采引发的滑坡及固体废弃物沿较陡山坡堆放引发的泥石流等地质灾害;郧阳区为南水北调移民搬迁地区,该地区因城镇建设需要,建筑材料与石料需求较大,石材露天开采破坏大量林地,并造成地形地貌景观严重破坏。

第三章 矿山开发环境遥感调查与监测

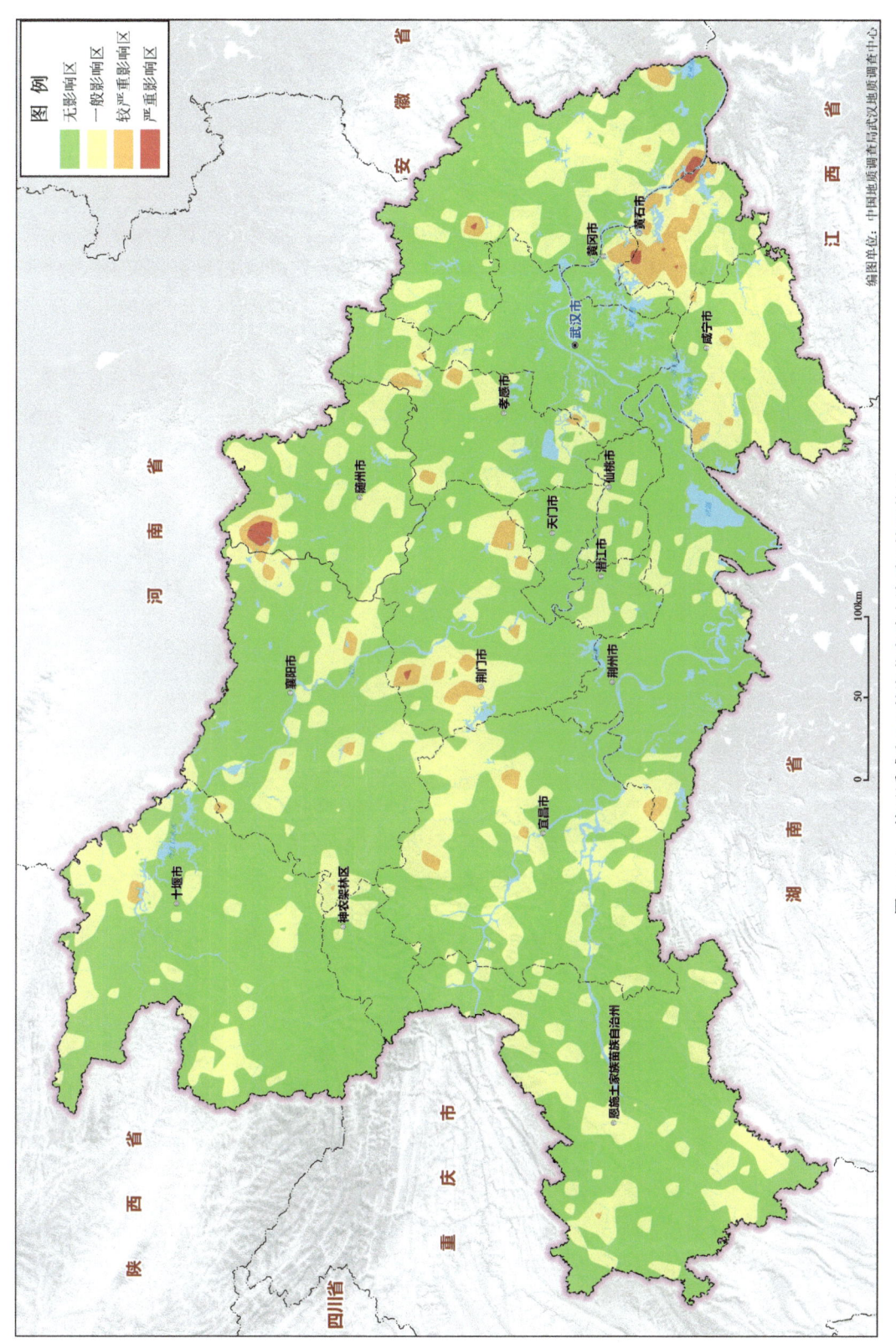

图3-7-2 基于遥感和GIS的湖北省矿山地质环境评价图

3. 一般影响区

一般影响区数量 174 个,主要分布在恩施市、襄阳市、黄冈市、孝感市、咸宁市、鄂州市等地,存在的矿山地质环境问题主要为矿山开发过程中对原地表及覆盖物的影响和破坏。

4. 无影响区

无影响区数量 17 个,主要分布在武汉市和荆州市。武汉市为湖北省省会所在地,为副省级城市,近年来矿山开发强度较小,关停和废弃矿山多数均已完成或正在开展矿山环境恢复治理工程,特别是武汉市江夏区和蔡甸区,矿山环境恢复治理情况较好;荆州市地处江汉平原地带,区内仅有少数地区开采砖瓦用黏土,近年来基本已废弃复耕。

采用基于遥感解译成果的层次分析法对湖北进行矿山地质环境影响评价是一次探索,基本反映出了湖北省矿产资源开发利用的热点地区,但限于调查的精度与收集资料的不够充分,它也将成为日后工作的一个重要内容之一。

第四章 湖北省自然保护区矿山遥感监测

截至 2018 年,湖北省共有 21 个国家级自然保护区,具体分布情况如图 4-0-1 所示。利用 2016—2018 年影像,对湖北省自然保护区内矿业开发及矿山环境进行遥感调查及监测。

根据遥感调查与监测结果显示,2018 年湖北省共有 5 个国家自然保护区内仍然有采矿权设置,或存在矿产活动相关开采面、固体废弃物、中转场地等(以 2018 年 1 月矿业权数据为基础),具体情况如表 4-0-1。其他自然保护区内未发现有矿权设置或矿产资源开发活动。

表 4-0-1 湖北省国家级自然保护区内矿产开发活动统计表

自然保护区名称	面积/km²	涉及县级行政单位	采矿权名称	许可证号	区内/涉区	矿权面积/km²	有效期限	开采方式	开采矿种
九宫山自然保护区	77.85	通山县	通山县厦铺黄荆硅石矿	C4212242010127120104015	区内	0.036	2010/12/25—2017/12/25	露天开采	脉石英
			通山县富家山矿区坦上石龙山硅石矿	C4212242010127120104016	区内	0.497	2014/2/17—2024/2/17	露天开采	脉石英
大口国家森林公园	62.15	钟祥市	钟祥市剑兴基建工程有限公司石料厂	C4208812009097120035554	区内	0.038	2016/5/5—2019/5/5	露天开采	石英岩
十八里长峡自然保护区	79.46	竹溪县	竹溪县轿顶山煤业有限公司轿顶山煤矿	C4200002010121120101231	涉区	1.377	2015/11/26—2017/12/26	地下开采	煤矿
柴埠溪自然保护区	55.87	五峰土家族自治县	宜昌亚泰化工有限公司大坡垴重晶石矿	C4205292010106220078050	涉区	0.543	2016/2/23—2020/2/23	露天开采	重晶石
后河自然保护区	161.95	五峰土家族自治县	五峰壶坪山矿化有限公司金家淌重晶石矿	C4205292009036130052924	涉区	0.298	2014/1/24—2019/1/24	露天开采	重晶石

对这 6 个矿权进行实地调查后,发现湖北省自然保护区内目前基本没有矿产开发活动,仅有大口国家森林公园自然保护区边界处有一采石厂,近期内有矿产开发活动,整体情况良好。

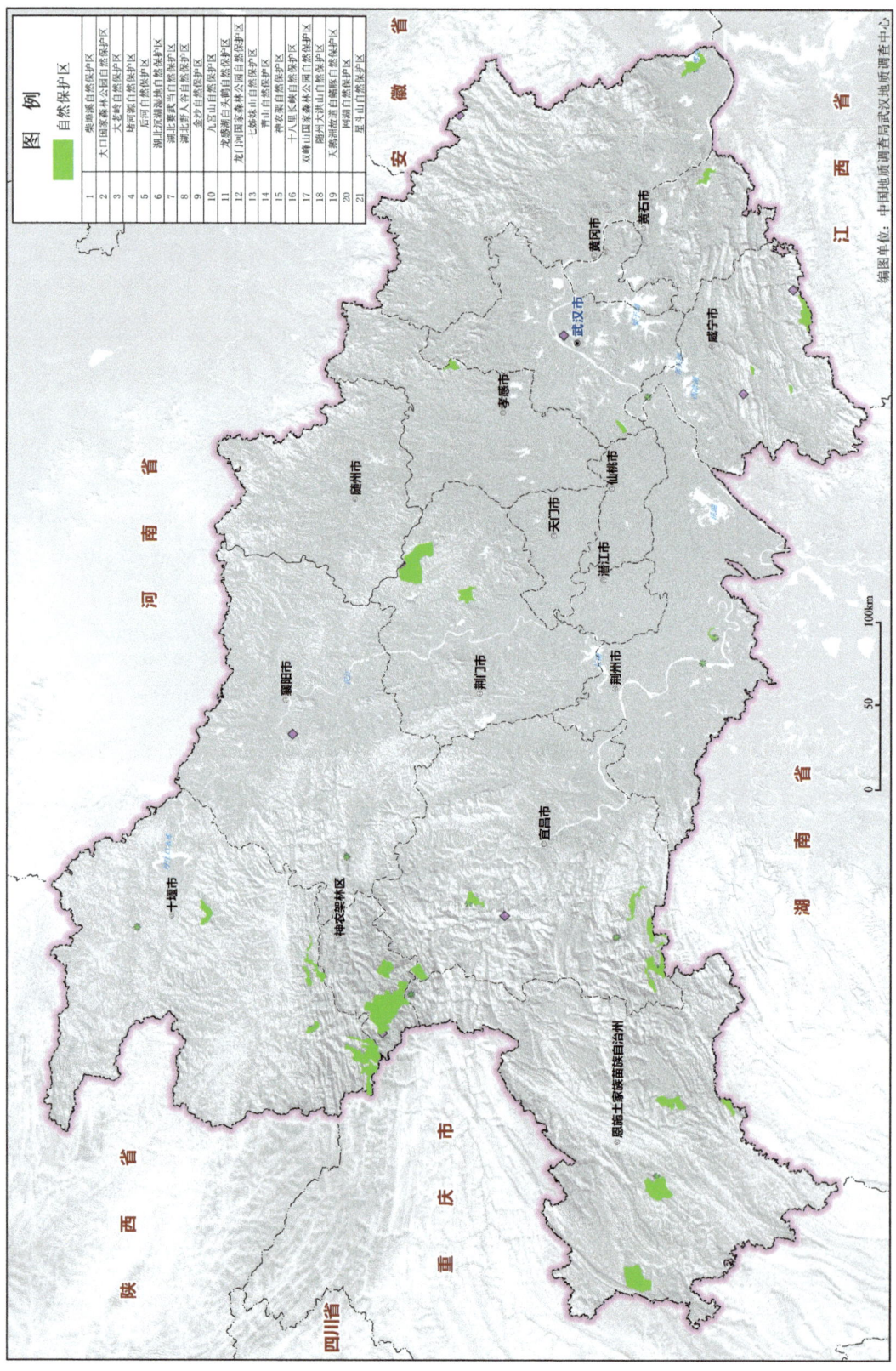

图 4-0-1 湖北省国家级自然保护区分布图

1. 九宫山自然保护区

九宫山自然保护区内有两个采矿权,开采矿种均为脉石英(硅石矿)。图 4-0-2 为富家山矿区坦上石龙山硅石矿(一证两矿)。实地调查中发现该矿已经全部停产,进入矿区道路已封闭,现场无任何采掘设备,并在原矿山开采面、中转场地上种满树苗,正在进行恢复治理(图 4-0-3)。

图 4-0-2 富家山矿区坦上石龙山硅石矿遥感调查图

图 4-0-3 富家山矿区坦上石龙山硅石矿开采面与中转场地现场照片

图 4-0-4 为九宫山内另一矿权——厦铺黄荆硅石矿。影像上基本无开采痕迹,仅有小面积废弃矿石堆场。通往矿区道路已损毁,经咨询附近居民,该处矿点在 2012 年左右已停止生产。

2. 大口国家森林公园自然保护区

大口国家森林公园边界处有一处石料厂——钟祥市剑兴基建工程有限公司石料厂,开采石英岩。图 4-0-5 为该矿 2016 年和 2017 年遥感影像调查图。

图 4-0-4　厦铺黄荆硅石矿遥感调查图

图 4-0-5　钟祥市剑兴基建工程有限公司石料厂遥感调查图

影像上可以看出该矿疑似越界开采。2017年10月实地调查中该矿暂未生产,但现场停放有挖机、卡车等各类采选设备(图4-0-6),有施工人员在进行维保作业。咨询现场工作人员得知,由于持续阴雨天气矿山停产2个月,天气好转后会继续生产。

3. 十八里长峡自然保护区

十八里长峡自然保护区内有一处地下开采煤矿:竹溪县轿顶山煤业有限公司轿顶山煤矿。影像上可见煤矸石堆以及矿山建筑(图4-0-7)。

实地调查中发现,煤堆场已变成废弃矿山物资堆场,该矿已停止生产,仅有数名工人在进行矿山设施拆卸作业(图4-0-8)。

第四章　湖北省自然保护区矿山遥感监测

图 4-0-6　钟祥市剑兴基建工程有限公司石料厂现场照片

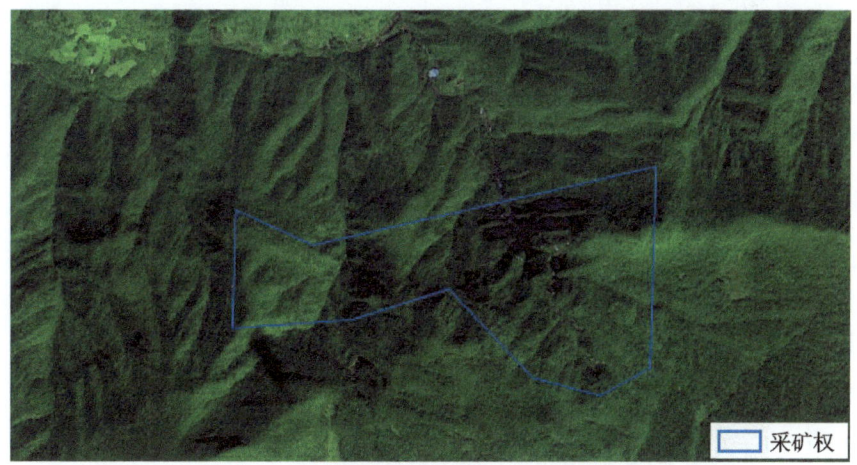

图 4-0-7　竹溪县轿顶山煤矿遥感调查图

图 4-0-8　竹溪县轿顶山煤矿现场照片

4. 柴埠溪自然保护区

柴埠溪自然保护区内有一处露天重晶石矿权,影像上难以看出开采活动,仅有一处矿石中转场地/废弃物堆场(图 4-0-9)。

图 4-0-9　宜昌亚泰化工有限公司大坡垴重晶石矿遥感调查图

现场实地调查发现该矿点已废弃,原矿山为地下开采,井口已封闭。现场有废弃井架、矿山建筑。经咨询附近居民,该矿点在 2014 年左右已停产(图 4-0-10)。

图 4-0-10　宜昌亚泰化工有限公司大坡垴重晶石矿现场照片

5. 后河自然保护区

后河自然保护区内有一处重晶石开采。影像上无开采痕迹(图 4-0-11)。现场发现一处封闭硐口(图 4-0-12),无其他任何开采痕迹。咨询附近居民得知该矿在 2012 年前后已停产废弃。

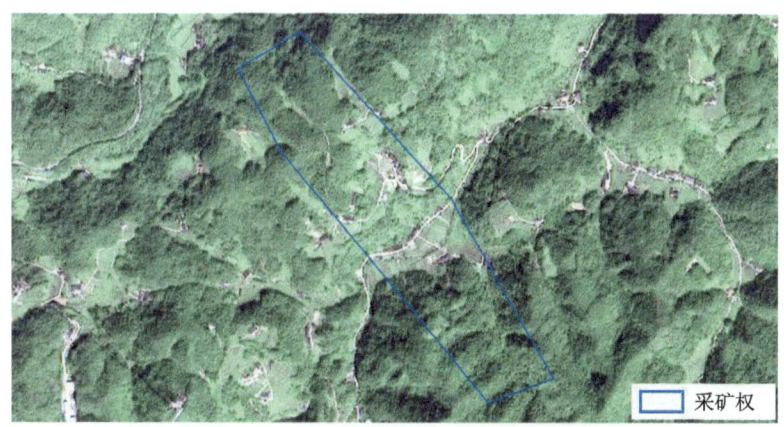

图 4-0-11　五峰壶坪山矿化有限公司金家淌重晶石矿遥感调查图

图 4-0-12　五峰壶坪山矿化有限公司金家淌重晶石矿现场照片

自然保护区内自然资源变化主要涉及"人工因子"和"自然因子"两大类。其中,人工因子包括耕地、建设用地、人工湿地;自然因子包括林地、草地、天然湿地、地表水。遥感调查重点在于自然因子和人工因子之间的转换。①耕地与自然因子的转换:耕地↔林地、耕地↔草地、耕地↔天然湿地、耕地↔地表水;②建设用地与自然因子的转换:建设用地↔林地、建设用地↔草地、建设用地↔天然湿地、建设用地↔地表水;③人工湿地与自然因子的转换:人工湿地↔林地、人工湿地↔草地、人工湿地↔天然湿地;④围海造田。

湖北省的保护区内自然资源变化主要包含前三类。具体的自然因子与人为因子之间的变化见表 4-0-2。整个湖北省 2018 年有 21 个自然保护区,其中长江天鹅洲白鱀豚、七姊妹山和木林子保护区无变化数据,其他保护区有少部分自然资源变化。

表 4-0-2 2017—2018 年自然资源变化面积统计

单位：hm²

编号	自然保护区名称	地→林地	林地→耕地	耕地→草地	草地→耕地	天然湿地→耕地	耕地→天然湿地	耕地→地表水	建设用地→林地	林地→建设用地	草地→建设用地	天然湿地→建设用地	人工湿地→林地	人工湿地→天然湿地
鄂08	赛武当									1.57				
鄂10	青龙山恐龙蛋化石群								1.46					
鄂13	堵河源	11.6	9.02	12.05			1.26	2.08						
鄂15	十八里长峡		55.07											
鄂27	五峰后河	45.64	12.5							15.43				
鄂33	南河	15.24												
鄂49	石首麋鹿		68.83			0								
鄂50	长江天鹅洲白鱀豚					0								
鄂51	洪湖											337.73		5.4
鄂52	长江新螺段白鱀豚		82.08		12 302.93	126 465.51				68.93				
鄂56	大别山		0											
鄂57	龙感湖		39.28		136.22				253.3	196.59	12.33			
鄂61	九宫山									166.74				
鄂69	星斗山		12 846.12		7660.71					81.42	1 856.21			
鄂70	巴东金丝猴		339.85	22.67										
鄂72	七姊妹山													
鄂77	木林子	33.56												
鄂80	神农架									245.5				
合计		106.04	13 452.75	34.72	20 099.86	126 465.51	1.26	2.08	254.76	776.18	1 868.54	337.73	5 398.17	5.4

从面积上来讲，湖北省所有保护区变化面积较大的前三类是天然湿地→耕地（变化 126 465.51hm²），草地→耕地（变化 20 099.86hm²）以及林地→耕地（变化 13 452.75hm²）。面积变化最大的两个保护区分别是长江新螺段白鱀豚保护区（变化 144 586.42hm²）和星斗山保护区（变化 22 444.46hm²）。整个湖北省 2017 年人工因子转自然因子变化面积 5 802.43hm²，自然因子转人工因子面积变化 163 000.57hm²，由此可见自然保护区内仍有部分人为破坏或干扰因素存在。但整体而言，湖北省自然保护区内人为因子和自然因子之间的转换并不大，保护区自然地表自然资源相对稳定。

从变化类型上讲，赛武当、青龙山恐龙蛋化石群、十八里长峡、南河、石首麋鹿、洪湖、大别山和九宫山保护区内仅有单一一类自然因子和人工因的转换，可见这 8 个保护区自然资源相对稳定。变化类型相对较多的是神农架、巴东金丝猴和五峰后河保护区有 2~3 类自然资源类型变化。变化类型最多的为堵河源、长江新螺段白鱀豚、龙感湖和星斗山保护区，区内有 4~5 类自然资源变化。其中堵河源以人工转自然因子为主，其余均是以自然转人工为主。这说明堵河源保护区自然保护力度较好，而江新螺段白鱀豚、龙感湖和星斗山保护区人为干扰自然资源因素情况较明显。

主要参考文献

陈翠华,倪师军,何彬彬,等,2005.GIS 技术支持下的江西德兴地区矿山环境地球化学质量评价[J].成都理工大学学报(自然科学版),(6):633-639.

陈建平,范立民,李成,等,2014.基于模糊综合评判和 GIS 技术的矿山地质环境影响评价[J].中国煤炭地质,26(2):43-48.

陈凯,黎湘虹,2009.区域开发环境影响评价研究概述[J].江西化工,(3):63-65.

冯彦平,2010.矿山开采影响下的环境遥感监测与评价[D].青岛:山东科技大学.

郭伟杰,吕航,2014.关于我国矿山环境治理与恢复创新研究[J].价值工程,(27):81-82.

何姣云,2007.矿山采动灾害监测及控制技术研究[D].武汉:武汉理工大学.

何亮柱,洪金益,张建国,等,2013.基于 IKONOS 数据的矿山开发占地信息提取[J].国土资源遥感,25(1):150-154.

何文熹,2012.基于遥感和 GIS 的鄂东南多金属矿区矿山地质环境影响评价[D].武汉:中国地质大学(武汉).

胡明安,徐伯骏,张晓军,2004.鄂东南大型矿业基地资源开发的环境影响评价指标及生态重建示范工程调研[M].武汉:中国地质大学出版社.

胡明星,郭达志,2008.矿区构造应力场的遥感分析[J].国土资源遥感,(1):4.

花晓鸣,魏斌,2010.矿山地质环境评价中权值确定方法的探讨[J].水利科技与经济,16(4):418-419.

黄宝华,2007.遥感在德兴铜矿污染监测分析中的应用[D].长沙:中南大学.

康高峰,卢中正,李社,等,2008.遥感技术在煤炭资源开发状况监督管理中的应用研究[J].中国煤炭地质,20(1):4.

乐海龙,赵晋,2009.基于 RS 和 GIS 技术的生态环境影响回顾性评价——以福建紫金山矿区为例[J].有色冶金设计与研究,30(6):104-124.

李成尊,聂洪峰,汪劲,等,2005.矿山地质灾害特征遥感研究[J].国土资源遥感,17(1):45-48.

李凤海,2007.基于 GIS 的矿区生态环境评价[J].金属矿山,(7):70-72.

刘亚川,2008.中国西南地区矿产开发与环境地质[M].北京:地质出版社.

刘忠明,孔繁河,刘晓妮,等,2009.鄂东南金属矿山尾矿资源调查及保护、开发利用建议[J].资源环境与工程,23(4):473-476.

吕婷婷,2015.基于模糊综合评判法的矿山环境评估——以程潮铁矿为例[D].武汉:中国地质大学(武汉).

罗娟,陈守余,2005.矿山环境质量评价指标体系及层次分析法评价[J].安全与环境工程,12(1):9-12.

马丽丽,田淑芳,王娜,2013.基于层次分析与模糊数学综合评判法的矿区生态环境评价[J].国土资源遥感,25(3):165-170.

马玲,2008.遥感与GIS技术在矿山环境监测与质量评价中的应用[D].成都:成都理工大学.

梅惠,李长安,2006.湖北省矿山环境问题及治理对策研究[J].中国地质大学学报(社会科学版),(2):33-37.

秦绪文,杨金中,2011.矿山遥感监测技术方法研究[M].北京:测绘出版社.

商华艳,2011.基于RS和GIS的矿山地质环境质量评价[D].北京:中国地质大学(北京).

宋震,华建伟,王宝军,等,2009.GIS在矿产资源规划环评中的应用[J].高校地质学报,15(2):8.

汤洁,汪雪格,李昭阳,等,2010.基于CA-Markov模型的吉林省西部土地利用景观格局变化趋势预测[J].吉林大学学报(地球科学版),(2):405-411.

汪金花,李玉凤,2007.遥感技术在矿山资源管理中的研究与思考[J].中国国土资源经济,(9):25-47.

王海庆,2010.基于GIS和RS的矿山地质环境评价方法比选[J].国土资源遥感,(3):92-96.

王念秦,王永锋,王得楷,2009.甘肃矿山生态地质环境现状综合评价分区研究[J].水土保持研究,16(5):225-228,232.

王晓红,聂洪峰,2006.不同遥感数据源在矿山开发状况及环境调查中的应用[J].国土资源遥感,68(2):69-71.

王晓红,聂洪峰,杨清华,等,2004.高分辨率卫星数据在矿山开发状况及环境监测中的应用效果比较[J].国土资源遥感,(1):15-18+80-81.

夏开宗,刘秀敏,陈从新,等,2014.程潮铁矿西区地下开采引起的地表变形规律初探[J].岩石力学与工程学报,(8):1572-1588.

夏乐,2008.遥感技术在矿山开发监测中的应用[D].北京:中国地质大学(北京).

闫国杰,2014.矿山地质灾害研究与防治探讨[J].中国矿业,13(3):66-68.

杨金中,秦绪文,聂洪峰,等,2009.矿山遥感监测工作指南[M].北京:中国大地出版社.

杨金中,秦绪文,聂洪峰,等,2014.中国矿山遥感监测[M].北京:测绘出版社.

杨青华,李艺,杜军,2010.基于GIS和RS的黄石市矿山地质环境定量评价[J].长江科学院院报,27(8):70-73,78.

岳建伟,林爱华,梅涂术,等,2008.矿产违法开采信息的快速提取[J].计算机工程,34(9):263-264.

岳建伟,2008.基于PDA的嵌入式土地执法系统的设计与实现[J].测绘科学(S1):2.

张进德,张德强,田磊,2007.全国矿山地质环境调查与综合评估技术方法探讨[J].地质通报,(2):136-140.

张振生,2006.遥感技术在矿山环境综合评价中的应用[J].河北地质,(4):27-30.

赵新卓,张学明,2014.模糊综合评判在矿山环境综合评价中的应用[J].科技创新与应用,(1):293.

赵玉玲,杨金中,2018.广东省自然资源与生态环境遥感调查研究[M].北京:地质出版社.

周萍,李志忠,2002.空间遥感技术(3S)用于矿山地质环境与生产安全监测[J].中国矿业,(5):1-3+7.

ALEOTTI P, CHOWDHURY R, 1999. Landslide hazard assessment: summary review and new perspectives[J]. Bulletin of Engineering Geology and the Environment, 58(1): 21-44.

CLOUTIS E A, GAFFEY M J, MOSLOW T F, 1994. Spectral Reflectance Properties of Carbon-Bearing Materials[J]. Icarus, 107(2): 276-287.

DAVID C M, RONALD W M, 2006. Application of remote-sensing and ground-truth techniques in determining the effects of coalbed-methane discharge waters on soils and vegetation[J]. Rocky Mountain geology, 41(1): 29-43.

DRURY S A, 1991. Remote sensing: an operational technology for the mining and petroleum industries[J]. Geological Magazine, 128(4): 391-392.

FERRIER G, 1999. Application of Imaging Spectrometer Data in Identifying Environmental Pollution Caused by Mining at Rodaquilar, Spain[J]. Remote Sensing of Environment, 68(2): 125-137.

GUNN D A, MARSH S H, GIBSON A, et al., 2008. Remote thermal IR surveying to detect abandoned mineshafts in former mining areas[J]. Quarterly Journal of Engineering Geology and Hydrogeology, 41(3): 357-370.

LAMB A D, 2000. Earth observation technology applied to mining-related environmental issues[J]. Transactions of the Institutions of Mining and Metallurgy, Section B: Applied Earth Science, 109(3): 153-156.

LAWRENCE M, GOCHIOCO R M, 2008. Introduction to this special section—Mining Geophysics[J]. The Leading Edge, 27(1): 45.

MEJíA-NAVARRO M, WOHL E E, OAKS S D, 1994. Geological hazards, vulnerability, and risk assessment using GIS: model for Glenwood Springs, Colorado[J]. Geomorphology, 10(1/4): 331-354.

MONJEZI M, DEHGHANI H, 2008. Evaluation of effect of blasting pattern parameters on back break using neural networks[J]. International Journal of Rock Mechanics and Mining Sciences, 45(8): 1446-1453.

MONJEZI M, SHAHRIAR K, DEHGHANI H, et al., 2009. Environmental impact assessment of open pit mining in Iran [J]. Environmental Geology, 58(1): 205-216.

RIGINA O, 2002. Environmental impact assessment of the mining and concentration activities in the Kola Peninsula, Russia by multidate remote sensing[J]. Environmental monitoring and assessment, 75(1): 11-31.

VENKATARAMAN G, KUMAR S P, RATHA D S, et al., 2008. Open cast mine monitoring and environmental impact studies through remote sensing - a case study from Goa, India[J]. Geocarto International, 12(2): 39-53.